거꾸로 질문하고
스스로 답을 찾는 아이

카이스트 이광형 총장의 창의력 교육법

거꾸로 질문하고 스스로 답을 찾는 아이

이광형 지음

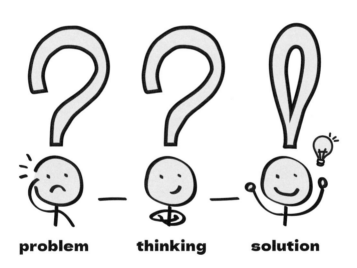

problem — thinking — solution

EBS
BOOKS

디지털 대전환의 시대, 왜 창의력인가?

김연아 선수가 피겨스케이팅으로 전 세계 사람들을 사로잡았을 때, 사람들은 피겨 불모지로 불리는 우리나라에서 큰 성적을 거둔 그녀에게 뭔가 남다른 능력이 있을 거라 생각했다. 그러지 않고야 빙상장이 제대로 갖추어지지 않은 한국에서 그녀와 같이 빛나는 재능을 가진 사람이 나타날 리 없기 때문이다. 그녀의 타고난 재능도 물론 특별하긴 하다. 하지만 모두가 알다시피, 그녀의 빛나는 재능은 끊임없는 노력에서 비롯된 것이었다. 한때 운동 연습을 할 때 무슨 생각을 하느냐는 질문에 "생각은 무슨 생각? 그냥 계속하는 거지!"라는 대답이 사람들의 입에 자주 오르내렸다. 왜 특별하지도 않은 그녀의 대답이 사람들에게 오래 인상을 남길 것일까? 사실 모든 사람이 반복의 힘을 모르지 않는다. 그저 실행이 어려울 뿐. 김연아 선수는 모든 사람이 알고 있지만 실행하지 못하는 데서 결과가 달라진다는 인생의 진리를 꼬집은 것이다.

반복적인 칭찬으로 만들어지는 창의력

아이들의 창의력은 어떨까? 램프의 요정 지니가 선물을 주듯이 날 때부터 반짝하고 타고나는 것일까? 단도직입적으로 말하건대, 그렇지 않다. 창의력 또한 노력으로 키울 수 있는 가능성을 지닌 능력이다.

아이들을 보라. 아이에게 세상은 호기심 천국이다. 길을 지나다 멈추어 서서 개미를 관찰하고, 날씨에 따라 변한 구름을 보고 환호성을 지른다. 곧잘 "이건 뭐야?", "저건 뭐야?" 하고 묻기도 한다. 이러한 아이들의 '질문 폭격'은 때론 어른의 에너지로 감당하기 어려울 때도 있다. 인내를 가지고 아이의 호기심에 하나하나 응답하는 과정은 어른에게도 어려운 숙제이기도 하다. 하지만 나는 이때 아이의 새로운 시선과 질문에 칭찬을 해 주어야 한다고 강조하고 싶다. 어른들의 칭찬이 필수 조건인 이유는 아이들의 호기심은 어른들의 칭찬을 먹고 자라기 때문이다.

여기서부터 뇌의 활발한 활동이 시작된다. 인간의 모든 행동은 뇌의 명령으로 이루어진다. 행동하고, 기억하고, 판단하고, 말하는 모든 일을 뇌가 관장한다. 김연아 선수가 반복적으로 피겨스케이팅 연습을 하면서 능력을 향상시키는 것도 뇌세포 회로를 만드는 일이다. 중국 여행을 위해 중국어 공부를 열심히 하는 것도 뇌세포 회로를 만드는 일이다. 마찬가지로 창의력을 만드는 것도 뇌세포 회로를 만드는 일이나 다름없다. 그런데 이 뇌세포 회로는 단번에 생기는 게 아니다. 반복적인 노력을 해야만 그쪽으로 길이 들여지면서 회로가 만들어진다. 그렇다면 어떤 경우 우리 아이들이 반복적인 노력을 하게 될까? 칭찬은 고래도 춤추게 한다는 말이 있다. 아이들은 칭찬을 받으면 즐겁다. 그래서 또다시 칭찬을 받으려고 같은 행동을 반복한다. 이처럼 반복하다 보면 뇌세포 회로가 형성된다.

즉 호기심 어린 질문을 하는 아이에게 칭찬을 해 주면 아이는 질문을 반복하게 되고, 그러면 자연스럽게 뇌세포 회로가 만들어지면서 아이의 습관이 된다. 이 습관이 결국 창의력, 아이 재능의 밑거름이 된다.

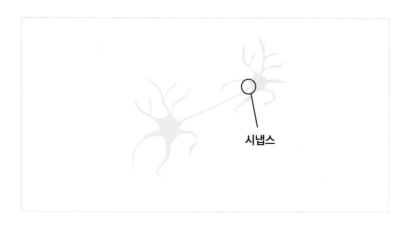

시냅스

시냅스가 뇌세포 사이를 연결해서 회로를 만든다.

질문 → 어른들의 칭찬 → 반복 → 뇌세포 회로 형성 → 습관 → 창의력 향상 → 재능

창의력이 재능으로 발달하는 과정

그렇다면 우리는 왜 창의력에 주목해야 할까?

21세기의 혁신적인 도구, AI

인류의 역사는 도구의 발달을 빼놓고는 논할 수 없다. 불, 철, 배, 증기기관, 전기까지 다양한 도구의 발명을 통해 인류는 발전해 왔다. 우리가 경험한 바 있는, 20세기에 등장한 혁신적인 도구로 는 컴퓨터와 인터넷이 있다.

그렇다면 21세기 도구란 무엇일까? 바로 인공지능(AI)이다. 1956년 AI 아버지로 불리는 마빈 민스키 박사에 의해서 AI 개념이 처음 등장했다. 그는 '사람처럼 생각하는 기계를 만들자!'라는 생 각으로 인공지능 프로젝트를 시작했다. 하지만 처음 이 개념이 등 장했을 때만 해도 사람들은 AI에 대해 회의적이었다. 기계가 제아 무리 발달한다 해도 사람을 넘어설 수는 없을 것으로 생각했기 때 문이다. 하지만 세상을 놀라게 한 획기적인 사건이 일어났다. 바로 알파고가 등장한 것이다.

AI 알파고와 이세돌 9단의 바둑 경기에서 이세돌 9단이 졌다는 사실은 우리에게 꽤 큰 충격을 안겨 주었다. 이세돌 9단은 세계 최고의 바둑 기사였다. 사람들의 마음속에는 '제아무리 알파고라도 설마 이세돌 9단을?'이라는 생각이 자리 잡고 있었다. 솔직히 고백하면, 나는 처음에는 AI 전공자로서 알파고를 응원했다. 이제껏 인공지능이 받아온 멸시를 만회하는 좋은 기회가 아닐까 내심 기대했던 것이다. 하지만 이세돌 9단이 4대 1로 대패하자, 생각이 바뀌었다.

'이런, 앞으로 사람들의 인식이 급속도로 달라지겠구나. 교육적으로 다방면의 대비가 필요하겠구나!'

변화의 시대, 피하지 말고 맞서라!

디지털 대전환의 시대에서 부모들이 가장 많이 하는 고민은 빠르게 변화하는 속도에 우리 아이가 잘 따라갈 수 있을까 하는 것이다. 미래 사회에서 요구되는 새로운 역량을 아이에게 키워 주어야 하는데, 변화의 속도는 붙잡을 수 없을 만큼 빠르다. 인공지능 전문가인 나 또한 전환의 속도가 무척 빠름을 몸소 느끼는 중이다. 당연히 아이를 기르는 부모 입장에서 어떤 기준에 맞추어 아이를 가르쳐야 할지 혼선이 상당할 것이다. AI, 메타버스, 챗GPT,

코딩…… 낯선 단어들은 하루가 다르게 늘어만 가는데, 그 변화의 한가운데서 도대체 어떻게 해야 할지 갈피를 잡기 어렵다.

하지만 한 가지 강조하고 싶은 것이 있다. 변화의 가운데서도 결코 뒷걸음질만은 칠 수는 없다는 점이다. 특히 아이는 미래를 살아갈 사람들이기 때문에 이미 시작된 변화의 물결을 그저 흘려보낼 수 없다. 커다란 변화의 흐름을 타고 미래를 잘 이끌 수 있도록 우리 아이를 키우는 것이 최선의 방법이다.

챗GPT가 뭐길래?

2022년 말부터 이슈가 되어 급부상하기 시작한 챗GPT는 지금 우리 삶에 가장 핫한 키워드라고 해도 과언이 아니다. 그도 그럴 것이 매사 궁금한 부분에 대해 AI가 꽤 똑똑한 대답을 해 주기 때문이다. 챗GPT에 대화를 하듯 질문하면, 인터넷의 방대한 빅데이터 정보를 바탕으로 이를 요약해서 대답해 준다. 단순히 일기예보나 교통체증 등 정보를 알려 주는 데서 그치지 않고, 대화의 맥락을 파악하고 잘못된 부분을 지적하기도 한다. 한 가지 짚고 넘어갈 것은, 챗GPT는 사실 인공지능 프로그램 중 하나라는 점이다.

우리가 섬유유연제를 통틀어 '피죤'이라고 부르는 것처럼 챗GPT는 인공지능을 대표하는 하나의 상징이 되었다. 그만큼 그 파장의 힘이 어마어마하다는 증거이기도 하고, 사람들의 뇌리에 깊이 각인될 만큼 뛰어난 능력을 탑재하고 있다는 뜻이기도 하다. 챗GPT가 이러한 능력이 가능한 이유는 인간의 대답을 통한 학습을 적용했기 때문이다. 이를 바탕으로 에세이, 시, 소설, 보고서, 학술논문 등 그 활용 범위도 다양하다.

AI 업계에서는 애초에 4차 산업혁명 시대이다, 인공지능 시대이다, 오래전부터 화두가 되어 왔기 때문에 이 변화의 물결이 낯설지 않다. 하지만 자녀를 교육시키는 학부모 입장에서는 이 변화를 체감하긴 어려웠을 것이다. 지금까지 AI는 전문가의 영역이라는 인식이 강했기 때문이다. 하지만 챗GPT를 비롯하여 AI를 활용한 과제나 오픈북 시험 등이 등장하고, 미래 교육을 다루는 뉴스 등으로 인해 학부모들의 혼란은 점점 더 커지리라 생각된다. 챗GPT가 촉발한 생성 AI의 시대, 우리 아이들에게 길러 주어야 할 것으로는 무엇이 있을까?

스스로 질문하고 답을 만들어 나가는 힘

모든 것은 질문에서 출발한다. 무엇이든 질문을 해야 새로운 대답이 나온다. 이는 챗GPT에도 그대로 적용된다. 챗GPT에 답을 요구해도, 질문을 어떻게 하느냐에 따라 답은 달라진다. 결국 질문을 잘하는 사람이 승리자가 되는 시대가 도래했다.

우리는 지식 함양이 초점이었던 교육의 시대를 지나왔다. 그 시절, 우리에게 암기는 학습 능력의 필수 조건이었다. 잘 외우는 아이들은 좋은 성적을 받고, 잘 외우지 못하는 아이들은 좋은 점수를 받지 못했다. 반짝하는 생각이 넘쳐나는 아이도, 재미있는 놀이 궁리를 잘 해내는 아이도 암기 능력이 떨어지면 성적이 낮았다.

하지만 새로운 AI의 등장으로 지식 습득은 그다지 중요하지 않게 되었다. 자연스레 암기의 중요성은 약화되었다. 지식은 AI가 훨씬 더 잘 기억한다. 마치 계산기가 나오면서 암산의 중요성이 사라진 것과 비슷하다. 대신 반짝이는 새로운 질문들이 중요한 화두가 되었다. 질문을 잘해야 새로운 지식이 나온다. 그러므로 질문을 잘하는 것이 무엇보다 중요하다. 다시 말하면, 이제 지식 전달식 수업에서 스스로 질문을 만드는 자기주도학습으로의 변화가 이루어지기 시작했다.

지금의 세태로라면 어떨까? 어쩌면 질문을 잘하는 학원이 나올지도 모르겠다. 하지만 그것은 근시안적인 대안에 불과하다. 디지털 대전환 시대에서 우리 아이에게 진짜로 필요한 역량은 스스로 질문하고 답을 만들어 나가는 힘을 기르는 것이다. 그것은 창의력의 또 다른 이름에 다름 아니다.

내 아이를 당당하게 해 줄 창의력

우리 아이들이 한참 사회생활을 하고 있을 2040~2050년을 상정해 보자. 디지털 대전환으로 아이의 일자리가 바뀌고, 일의 성격 또한 바뀌어 있을 것이다. 친구들과 경쟁해야 할 아이들은 이제 한 발 더 나아가 기계와도 경쟁하게 되었다.

아이가 AI에 밀리지 않고 당당하게 살아가게 해 주려면 기계가 하지 못한 것들을 할 수 있는 능력을 키워 주어야 한다. 창의력이란 무엇인가? 어제와 다른 생각을 해내는 힘이다. 새로운 생각이란 남과는 다른, 지금까지 전혀 해 보지 않은 생각을 말한다. 이는 AI가 하기 어려운 일이다. 바로 우리 아이의 공격 포인트가 여기에 있다. 창의력으로 무장하게 해 주는 것! AI가 하기 어려운 창조적인 일을 하면 항상 우위에 설 수 있다.

언제나 성과를 내는 사람이 리더가 되어 당당하게 살아간다. 아이가 성인이 되어 살아갈 2040~2050년에는 어떤 사람이 성과를 잘 낼까? 당연히 AI에 밀리지 않기 위해서 차별화된 창의력을 갖추어야 한다. 또한 AI를 잘 활용하고, 동료들과 협조를 잘하는 사람이 좋은 성과를 낼 것이다. 여기에 바로 우리 아이를 당당하게 키우는 방법이 있다. 창의력을 키우고, AI를 잘 활용하고, 친구들과 원만하게 협동하는 사람으로 기르는 것이다. 이것이 바로 이 책이 세상에 나오게 된 이유이다.

차례

Part 1

아이는 미래에서 온 사람이다

(아이 편)

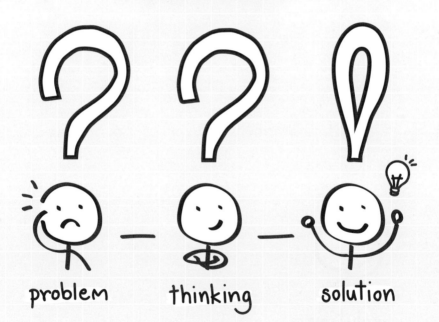

problem — thinking — solution

부모와 아이 사이에는
'반세기'가 있다

solution

우리는 현재를 산다. 휴대전화를 켜면 보이는 오늘의 날짜와 시간이 우리가 살아가는 지금 이 순간이다. 우리는 이 시간에 대해 대체로 이의를 제기하지 않는다. 세계적인 약속이기 때문이다. 하지만 아이를 키우는 어른에게는 좀 더 다른 시간 개념이 필요하다. 나는 아이를 창의력 있게 키우고 싶은 부모들에게 강조하고 싶다. 반세기 이후 미래를 휴대전화에 저장하고 자주 들여다보며 미래를 상상하는 법을 길러야 한다고.

아이와 부모 사이에는 반세기가 있다. 아이와 부모 사이 나이 차는 35여 년 정도(2022년 평균 출산 나이 33.5세)이다. 예를 들어, 아이가 일곱 살이고 부모가 마흔 살이라고 가정해 보자. 부모는 1980년대에 태어났다. 부모가 내 아이만큼 어렸을 때 제24회 서울 올림픽이 개최되었고, 곧 물이 귀해져 생수를 사 먹는 시대가 도래

할 거라는 말에 다들 '설마 그럴 리가!' 하고 믿지 않았으며, 휴대 전화는커녕 무선 전화기도 흔치 않은 시대를 살았다. 다시 우리 아이가 자라고 있는 2020년대로 돌아와 보자. 곧 제33회 프랑스 파리 올림픽이 열릴 예정이고, 물을 사 먹거나 휴대전화를 들고 다니는 일이 보편화된 시대를 살고 있다. 그 차이만큼 부모와 아이 사이에는 커다란 시간의 강이 흐른다. 그 강에는 물리적인 시간만 흐르는 건 아니다. 문화, 지식, 환경, 경제, 사람들의 사고방식까지 큰 차이가 있다.

하루가 다르게 변화하는 현대 사회를 살아간다는 건 마치 래프팅을 하는 것과 같은 일이다. 래프팅은 언제 절벽이 나타날지, 뾰족한 바위나 소용돌이를 만날지 모르는 가운데 물살에 몸을 맡기고 노를 저어 가야 한다. 지난 시간 어떤 굴곡이 있었든 상관없이 계속해서 새로운 상황이 전개된다. 정해진 매뉴얼도 없다. 이렇듯 우리는 한 치 앞도 내다볼 수 없는 세상을 살아가고 있다. 그런 가운데 아이를 내 생각에 맞춰서 움직이려는 것은 구시대적인 발상으로 아이를 컨트롤하려는 것과 같다.

아이를 키울 때는 현재만 생각해서는 안 된다. 아이가 커서 살아갈 미래도 함께 생각해야 한다. 카이스트 교정에는 웃는 모습이 예쁜 젊은 학생들이 여기저기를 누빈다. 언제 저렇게 성년이 될까 싶어도, 내 품에 있는 작디작은 아이가 저기 학생들만큼 자랄 시간은 길게 봐야 15년이 채 되지 않는다. 부모라면 사랑스러운 내 아이가 독립된 개체로 단단히 성장할 수 있게 버팀목이 되고 싶다. 좋아하는 일을 하고, 한 무리의 리더가 되어 세상을 이끌고 나가길 조심스레 기대해 보기도 할 것이다. 그러므로 어른이라면, 부모라면, 우리 아이가 성장해 성인이 된 후의 삶까지 고려해야 한다. 그것이 부모가 시간을 현재에 고정시키지 말고 반세기 후를 상상하며 아이의 장래를 생각해야 하는 이유이다.

아이들은 미래에서 왔다. 미래를 살아갈 사람이다. 그러므로 어린아이들이 살아갈 세상을 부모는 항상 고려해야 한다. 정리하면, 지금으로부터 30~50년 후를 생각하며 자녀를 양육해야 한다는 말이다. 우리 아이가 한참 사회생활을 할 2050년대를 생각해보자. 어떤 세상이 펼쳐질지 도무지 상상조차 되지 않는다. 휴대폰은 여전히 있을까? 그때를 대비해 어떤 언어를 가르쳐야 할까? 환경 위기는 해결되었을까? 인구 감소 문제는? 조금도 상상할 수 없다. 그 알 수 없는 변화 속에서 살아갈 아이를 현재의 생각으로 재단하고 양육하는 것이야말로 아이러니 아닐까?

세상은 늘 변한다고 생각하며 아이를 키워야 한다고 말했지만, 아이에게 가르쳐야 할 변하지 않는 불변의 진리는 있다. 모든 것이 변하는 세상에서도 부모는 아이에게 변하지 않는 걸 가르쳐야 한다. 바로 인간에 대한 도리, 즉 인간성. '물건을 훔치면 안 된다.', '어려운 사람은 도와야 한다.', '남에게 피해를 주면 안 된다.', '사랑은 나눌수록 힘이 세진다.' 등과 같은, 어쩌면 식상하게 느껴질지 모를 가치 불변의 진실들 말이다. 그것은 30년 전이나, 300년 전이나, 심지어 3000년 전이나 그대로 우리에게 통용되었다.

인간은 태어날 때부터 이미 유전자가 결정된다. 호모 사피엔스 유전자는 유구한 시간이 흐르는 동안 여전히 변하지 않는 그대로 유지되었다. 역사 기록을 보면, 100년 전 인간사나, 심지어 7000년 전의 인간사나 모두 비슷하다. 인류의 역사에서 가장 오래된 기록이라는 메소포타미아 길가메시 대서사시를 보아도 그렇다. 질투하고, 영생을 추구하고, 싸우고, 배신하고, 숭배한다. 변치 않는 인간 본연의 진리, 이것이 우리가 고전을 읽는 이유이기도 하다. 그것은 현재에도, 미래에도 그대로 적용된다. 아무리 기술이 발전하고, 시대와 유행이 변해도 사람이기에 변치 않는 인간성을 아이들에게 가르쳐야 한다.

변하는 것과 변하지 않는 것. 부모는 그 갈피를 확실히 잡은 가운데 단호하게 아이를 양육해야 한다. 그것이 창의력보다 우선이다. 아니, 밑바탕이다.

thinking

아이가 한참 사회생활을 할 2050년대를 생각해 보자. 휴대폰은 여전히 있을까? 그때를 대비해 어떤 언어를 가르쳐야 할까? 환경 위기는 해결되었을까? 인구 감소 문제는? 조금도 상상할 수 없다. 그 알 수 없는 변화 속에서 살아갈 아이를 현재의 생각으로 재단하고 양육하는 것이야말로 아이러니 아닐까?

창의력의 8할은
노력에서 나온다

solution

세상에 태어날 때 부모로부터 아무것도 물려받지 못한 사람이 있고, 큰 유산을 물려받은 사람이 있다. 세상은 그걸 두고 흙수저, 금수저로 나누어 때론 부러워하고 때론 자랑을 한다. 그러나 그 사람이 죽을 때도 태어난 그대로일까? 대부분은 그렇지 않다. 물론 출발점은 달랐다. 타고난 부가 그 사람의 삶에 영향을 주었고, 때론 사람들 틈에서 의기양양했을 것이며, 그로 인해 남들보다 앞서기도 했을 것이다. 하지만 돌이켜 보건대, 출발점이 도착점까지 그대로 유지되는 경우는 거의 없다.

유전자 또한 타고난다. 태어날 때부터 운동 신경이 뛰어난 사람도, 공부 능력이 뛰어난 사람도, 유머러스한 사람도 있다. 그것은 유전자에 각인된 선천적인 재능이자 장점이다. 그러나 그 역시 후천적인 노력으로 변한다. 운동 신경이 뛰어나다고 다 운동선수가 되는 것도, 공부 능력이 뛰어나다고 다 학자가 되는 것도, 유머러스하다고 해서 다 코미디언이 되는 것도 아니다. 노력이라는 것은 뇌세포 회로 연결을 늘리는 일이다. 노력하고, 사고하고, 사용할수록 신경 연결이 발달한다. 아무리 좋은 유전자를 물려받았다고 해도 가꾸지 않고 방치하면 큰 의미가 없다. 김연아도, 박인비도, 박지성도, 조성진도 어려서부터 끊임없이 연마하는 시간을 통해서 세계 정상에 설 수 있었다.

창의력을 말하는데 노력을 이야기해서 조금은 힘이 빠졌을 줄로 안다. 사람들은 보통 창의력이라고 하면 하늘이 주는 선물 같은 것으로 생각한다. 아무것도 하지 않고 가만히 있어도 반짝하고 떠오르는 아이디어 같은 것으로 착각한다. 창의력을 강조하는 나 역시 태어날 때부터 남다른 부분이 있었을 것으로 생각할지도 모르겠다. 그러나 전혀 그렇지 않다. 나는 학창 시절, 특별난 아이가 아니었다. 공부를 못하지는 않았지만 그렇다고 공부 머리가 뛰어나지도 않았다. 다만 장점은 있었다. 그것은 바로 끈기였다. 아버지는 그런 나를 보고 말씀하셨다.

"광형이는 엉덩이가 무겁다. 한 번 하면 계속하는 장점이 있다. 그런 너의 장점이 미래에 빛을 발할 것이다."

부모들은 어떻게 해야 아이의 창의력을 만들어 줄 수 있을지 궁금해하고, 내 아이가 창의력이 없다고 생각되면 마음이 조급해지기도 한다. 물론 아이를 세상이라는 경쟁에 매몰차게 내모는 비정한 부모는 되고 싶지 않다. 하지만 적어도 내 아이가 한 분야에서 두각을 나타내기를 바라는 양면적인 마음이 생긴다.

강조하지만, 창의력이란 도깨비방망이처럼 뚝딱하고 나오는 게 아니다. 8할이 노력에 달려 있다. 같은 것을 뇌 속에서 얼마나 반복하고 연마하느냐에 따라 달라진다. 그러므로 부모는 아이에게 '새롭게 해 보면 어떨까?'라는 생각이 떠오르게 해 주어야 한다. 이런 생각을 반복하면 습관이 되어 다양한 생각이 자주 떠오른다. 그게 가깝게는 창의력이고, 멀게는 부모가 줄 수 있는 인생의 커다란 선물이다.

노력과 창의력의 상관관계에 대하여 좀 더 쉽게 설명해 보겠다. 우리가 종종 찾는 산을 떠올려 보자. 사람들이 다니는 등산로도 처음에는 나무와 풀로 우거진 숲이었을 것이다. 그러다 우연히 한 사람이 나뭇가지를 헤치며 작은 길을 만들고, 조금 난 통로로 연이어 사람들이 드나들면서 비로소 길이라는 게 만들어졌다. 자연스럽게 사람들은 그것을 등산로라 부르기 시작했다. 그 길은 특별한 일이 없는 한 바뀌지 않고 여러 사람이 찾을 것이다. 창의력 역시 우거진 숲에 길 하나를 만드는 일이다. 새로운 생각은 등산로

옆에 새로운 샛길을 만드는 것과 같다. 우연한 기회에 지름길을 만들었는데 사람들이 좋아하기 시작하면 또다시 새로운 길을 만들고 싶다. '샛길을 한번 만들어 볼까?' 하는 생각이 바로 창의력을 일으키는 원동력이다. 생각을 실천으로 옮기면 창의력이 있는 사람이 된다. 샛길을 내는 일을 자주 하면 자주 그 생각이 들게 된다. 그러나 샛길을 만들어 보겠다는 생각을 하지 않는 사람은 남이 다니는 길을, 만들어 놓은 길을 그대로 따라간다.

그렇다면 부모가 우리 아이에게 어떤 도움을 줄 수 있을까? 무엇보다도 아이가 이것저것 여러 가지 방식으로 시도해 볼 수 있게 도와주어야 한다. 문제를 풀 때도 포기하지 말고 이리저리 궁리해 보게 격려해 주어야 한다. 수학 문제를 풀다가 어려움에 봉착했을 때도 오래 들여다보는 습관을 가진 아이가 결국 답을 찾아낸다. 수학 문제를 잘 푸는 뇌와 그것을 풀기 위해 노력하는 뇌는 서로 다르다. 잘 푸는 뇌가 타고난 거라면 그것을 풀기 위해 노력하는 뇌는 후천적인 노력으로 발달시킬 수 있다. 공부까지 가지 않더라도 '어떻게 하면 잘 놀 수 있을까? 재미난 놀잇거리를 찾을 수 있을까?' 하고 생각하는 데서 창의력은 시작된다. '왜 그랬을까?' 하는 고민이 다양한 생각의 길을 넓혀 간다.

창의력이 뛰어날 것으로 생각되는 작가들의 이야기를 들어 보면 의외로 오래 앉아서 여러 가지를 시도해 보는 시간이, 엉덩이의 힘이 작품을 만든다고 말한다. 번쩍하는 뭔가를 가지고 태어났을 것 같지만 현실은 그렇지 않은 경우가 많다. 나 또한 타고난 재능이 있는 게 아니라 남들보다 엉덩이가 무거울 뿐이었다. 이렇듯 노력하고, 생각하고, 새롭게 해 보면 어떨까 하고 고민하는 시간이 모여 결국 실력이 된다.

노력하는 것도 재능이다. 해결될 때까지 붙잡고 있는 인내심이 바로 재능이다. 중간에 포기하지 않고 끝까지 노력하는 것이 실력이다. 이것은 자꾸 반복하면 습관이 된다. 즉 후천적으로 키울 수 있는 능력이다. 그러므로 날 때부터 정해진 것들에 연연하지 말고 부모는 아이에게 후천적인 능력을 선사해 주어야 한다. 그 능력은 빌딩 한 채를 물려주는 것보다 값지다.

한 취업 포털 사이트에서 구직자 1082명을 대상으로 조사한 결과, 구직자 10명 중 6명은 본인이 흙수저에 속한다고 생각하고 있었다. 이들 중 90퍼센트는 '제아무리 열심히 한다고 해도 계층 이동은 어려울 것 같다.'라고 답했다. 구직 과정에서 생활비 등 경제적인 어려움을 느낄 뿐 아니라 부모님의 사회적 지위와 배경에 따라 취업의 성패가 판가름 나는 경우가 많다는 이유에서이다.

한 나라가 발전하고 융성하려면 젊은이들이 희망을 가지고 열심히 해야 한다. 젊은이들이 희망이 없으면 그 나라는 미래가 없는 거나 다름없다. 사람에겐 날 때부터 결정된 빈부격차가 있게 마련 이지만, 나는 그것과 상관없이 부모는 자식에게 인내심이라는 귀한 유산을 물려줄 수 있다고 생각한다.

미래에는 금수저가 아니라 '인(忍)수저'가 각광받는 세상이 오기를 바란다.

thinking

창의력이 뛰어날 것으로 생각되는 작가들의 이야기를 들어 보면 의외로 오래 앉아서 여러 가지를 시도해 보는 시간이, 엉덩이의 힘이 작품을 만든다고 말한다. 번쩍하는 뭔가를 가지고 태어났을 것 같지만 전혀 현실은 그렇지 않은 경우가 많다. 나 또한 타고난 재능이 있는 게 아니라 남들보다 엉덩이가 무거울 뿐이었다. 이렇듯 노력하고, 생각하고, 새롭게 해 보면 어떨까 하고 고민하는 시간이 모여 결국 실력이 된다.

꾀부리는 아이의
숨은 능력

solution

내가 어린아이였을 때는 주변에 휴대전화도, 게임기도, 그 흔한 텔레비전도 없었다. 대신 친구들과 함께 산으로 들로 놀러 다녔다. 농번기에는 부모님을 도와 농사일을 했다. 부모님을 돕고, 숙제를 마치고, 친구들과 놀고도 시간이 남으면 종종 라디오나 재봉틀 같은 기계를 해부했다. 참고할 만한 인터넷도, 도움이 될 만한 책도 있을 리 없었다. 그저 뜯고, 보고, 연구하고, 때론 실패하고, 그러다 부모님이 들어오시기 전에 조립해 놨다. 그러다 가끔 조립을 하지 못해서 탄로가 나기도 했다.

지금의 부모라면 어땠을까? 우리 아이에게 뭔가 남다른 재능이 있나 싶어 어린이과학관에도 가고, 과학상자도 사 주고, 과학학원에도 보냈을지 모르겠다. 이것이 요즘 시대, 요즘 문화이다. 그러나 농사일로 사시사철 바쁘신 내 부모님은 자식들에게 관심을 가지려고 해도 가질 수 없었다. 무엇보다 다섯째인 나에게 포커스를 맞춰 관심을 주시기에 자식들은 너무나 많았다.

어느 날이었다. 아버지가 우물에서 물을 퍼 오라는 심부름을 시키셨다. 우물에서 물을 퍼 오려면 줄이 달린 작은 두레박으로 물을 올려 큰 통에 담아 와야 한다. 어린 내가 생각하기에 작은 두레박으로 물을 올리는 것은 비효율적인 일 같았다. 나는 머리를 굴렸고, 큰 통에 줄을 달아서 우물에 넣은 뒤 한꺼번에 물을 퍼 올리려 했다. 하지만 어린 꼬마가 큰 통의 물을 올리기란 쉽지 않았다. 그러다 그만 큰 통이 우물에 빠져 버렸다. 금방 나는 아버지께 들통이 났다.

"광형이 녀석, 일하기 싫으니 꾀를 부리고 있네!"

사람 하나가 곧 일손인 시절이었다. 그런 아버지 눈에 머리를 굴린 내 모습이 꾀부리는 모습으로 보였을 수 있겠다 싶다. 하지만 그런 내 모습을 보고도 아버지는 야단을 치시지는 않았다.

만약 내내 아버지께 혼이 났더라면, 그 자리에서 바로 논으로 호출을 당했더라면 어땠을까? 적어도 새로운 일을 시도해 보는 기쁨이나 그 속에서 얻은 작은 성취감은 몰랐을 것이다. 하지만 다행히도 아버지는 이내 나의 '꾀'를 잊으셨다. 그럴 겨를조차 없으셨다는 게 더 맞는 말일 터이다. 그렇게 나는 비교적 건강한 무관심이 지배하는 부모님 아래에서 자유롭게 다양하게 머리를 써 가며 유년을 보낼 수 있었다.

시골 출신인 나는 자라는 동안 재정적으로 여유가 없었다. 학원이라는 것은 아예 존재하지도 않았다. 악기 하나 배우는 식의 취미생활도 있을 리 없었다. 그렇게 자라 어른이 되니, 남들에게 내놓을 만한 그럴싸한 취미가 없었다. 누군가는 악기를 연주한다, 누군가는 수영을 한다고 하는데, 나에게는 그런 취미가 하나도 없었다. 오로지 공부와 연구만이 내 관심 분야였다. 공부가 취미요, 취미가 공부인 어찌 보면 심심한 사람이었다. 그런데 우연히 인터뷰에서 어린 시절 라디오 등 기계를 조립했었다고 말했더니 사람들이 감탄사를 내뱉는 것이 아닌가? '어린 시절부터 이미 싹이 보이셨던 거군요? 천재가 될…….' 뭐 그런 것까진 아니라고 손사래를 쳤지만, 기분이 조금 이상하기도 했다. 그저 심심해서 스스로 놀던 일들이 어느샌가 남들이 우러러보는 취미생활로 탈바꿈한 것이다.

앞서 나는 아이는 미래에서 온 사람이라고 이야기했다. 그 관점으로 보면 어른의 눈에 하찮거나 시간 낭비일 것 같은 일도 미래에는 어떤 가치가 될지 모를 일이다. 당연히 어른의 잣대로 함부로 아이를 평가할 수 없다. 꾀부리는 것 같은 행동도 아이 딴에는 그렇지 않을 가능성이 크다.

다르게 생각하면, 아이의 진짜 속마음을 엿보는 기회가 되기도 한다. '꾀부리다'의 표준국어대사전의 뜻은 '일의 어려운 부분이나 책임을 살살 피하여 자기에게 이롭게만 하다.'이다. 잘 생각해 보자. 어른이 아닌, 아이가 꾀부린다는 건 어딘가 어려운 데가 있다는 것이고, 피하고 싶은 일이 있다는 뜻이다. 또한 새로운 것을 시도해 본다는 뜻이 담겨 있다 할 수 있다. 그러므로 꾀부린다고 호통치기 이전에 아이가 뭔가 새로운 것을 궁리하는 중이라 생각하면 좋을 것 같다. 무엇보다 내 아이에게 창의력의 씨앗이 있음을 알아차리고 칭찬해 주면 어떨까 한다.

한편 내 아버지를 벤치마킹해 봐도 좋을 듯싶다. 적당한 무관심을 아이에게 선사하라는 것이다. 아이 스스로 해답을 찾아 나갈 시간을 주고 적정 거리에서 지켜보며 기다려 주는 것도 부모로서 필요한 일이다.

혹시 모르지 않는가? 내가 내버려 둔 우리 아이의 '꾀'가 미래의 소중한 자원의 밑거름이 될는지.

thinking

'꾀부리다'의 표준국어대사전의 뜻은 '일의 어려운 부분이나 책임을 살살 피하여 자기에게 이롭게만 하다.'이다. 잘 생각해 보자. 어른이 아닌, 아이가 꾀부린다는 건 어딘가 어려운 데가 있다는 것이고, 피하고 싶은 일이 있다는 뜻이다. 또한 새로운 것을 시도해 본다는 뜻이 담겨 있다 할 수 있다. 그러므로 꾀부린다고 호통치기 이전에 아이가 뭔가 새로운 것을 궁리하는 중이라 생각하면 좋을 것 같다. 무엇보다 내 아이에게 창의력의 씨앗이 있음을 알아차리고 칭찬해 주면 어떨까 한다.

게임을 좋아하는
우리 아이는 얼리어답터

solution

게임은 하나의 놀이이다. 운동장을 뛰며 축구나 야구를 하는 것도 아이의 몸 근육을 키우는 놀이지만, 사이버 세상 속에서 노니는 것도 뇌 근육을 발달시키는 중요한 놀이이다.

메타버스, AI를 아이에게 가장 잘 설명할 수 있는 방법 중의 하나가 게임이다. 어쩌면 어른보다 사이버 세계를 이미 더 잘 이해하고 있는 건 아이일지도 모른다. 어린아이를 유심히 들여다보라. 아직 말도 잘 구사하지 못하고 잘 걷지도 못하는데도, 그 조그맣고 앙증맞은 손가락으로 아이패드 버튼을 기가 막히게 눌러 유튜브로 뽀로로를 찾아본다.

우리들의 어린 시절과 아이를 비교해서는 안 된다. 그때와는 달리 아이들의 세상은 가상세계가 포함된 공간이다. 이를 바탕으로 사고하고, 창조하고, 꿈꾼다. 이런 아이에게 어떻게 휴대전화는, 인터넷은, 유튜브는, 게임은, SNS는 해가 된다고 무조건 단정 지어 말할 수 있을까? 이제 가상공간을 터부시하고 밀어내려는 시대는 지나갔다.

부모라면 필름으로 현상한 사진이 꽂힌 앨범 한두 개씩은 집에 있을 것이다. 부모들이 어린이였던 시절에는 대부분 필름을 넣는 아날로그 카메라를 사용했다. 그 필름은 대부분 미국 코닥 제품이었다. 코닥은 사진에 관한 한 특허를 많이 보유한 세계 굴지의 기업이다. 지금과 같은 디지털카메라가 슬슬 나오기 시작한 시점은 1990년대부터이다. 초기에는 지금처럼 정밀하지 않았고, 코닥은 디지털카메라의 출현을 얕잡아 봤다. 그렇게 디지털카메라의 기술이 발전을 거듭하는 동안 코닥은 여전히 현상소에 맡겨야 하는 아날로그 사진에 집중했다. 시간은 흘렀고, 어느새 사람들은 굳이 필름을 현상할 필요가 없는 디지털사진을 선호하기 시작했다. 이제 우리는 우리의 부모처럼 앨범을 정리하는 대신 컴퓨터 폴더나 스마트폰 사진첩과 연동된 클라우드에 가족사진을 저장한다. 사진앨범은 지금도 우리에게 종종 추억여행을 떠나게 만드는 소중한 물건임에 틀림없지만, 당장 가족들과 나들이를 간다면 필름 카메라가 아닌 디지털카메라나 스마트폰을 챙기게 될 것이다. 이는 단지 카메라에만 국한되는 이야기는 아니다. 자녀의 양육에도 그대로 적용된다. 새로운 분야를 수용하지 못하고 몰락한 코닥과 같은 부모는 될 수 없지 않겠는가?

우리 아이가 게임을 좋아한다면, 부모 입장에서 듣도 보도 못한 신작 게임을 하게 해 달라고 조른다면, 처음부터 걱정할 게 아니라 가상 세상의 얼리어답터가 될 싹이 충분하다고 이해하면 된다. 게임이라고 하면 무조건 나쁜 것, 해로운 것, 공부에 도움 안되는 것 등으로 해석하는 부모도 있는데, 그것이야말로 시대착오적인 생각이다. 남아프리카공화국에서 태어난 테슬라의 최고 경영자 일론 머스크 역시 어릴 때 공상 소설과 게임에만 빠져 사는 독특한 아이였다고 한다. 그는 어린 시절 경험을 토대로 현재 '우주'와 '미래 산업'에 투자하고 있다.

단지 균형은 유지해야 한다. 그건 게임뿐 아니라 모든 사항에 해당하는 말이기도 하다. 그러므로 부모가 할 일은 첫 번째, 절대적인 지지를 해 주는 것이고, 두 번째는 아이가 지나치지 않은 수준에서 게임을 하게 하고, 뇌를 소모했으니 나머지 시간은 체력적으로 에너지를 충전할 수 있도록 안배를 해 주어야 한다. 기기를 오래 들여다보아서 눈 또한 많이 피로할 것이므로 자연을 보게 만들어 시선을 전환해 주는 것도 좋다.

일주일에 한 시간씩 세 번 혹은 숙제하고 난 뒤 30분 게임을 하는 등 약속을 하고 지키는 연습을 하는 과정으로 삼아도 현명한 방법이 될 수 있다.

그런데 아무리 약속을 해도 아이가 잘 지키려 하지 않아 고민이라는 경우도 있다. 그럴 땐 자신을 한 번 돌아보자. 많은 경우 부모가 온종일 휴대전화나 텔레비전을 들여다보면서 아이에게는 이런저런 제약을 가한다. 그러므로 부모 먼저 균형을 지키는 솔선수범을 보여야 한다. 미국 심리학자 앨버트 반두라는 인간은 관찰만으로 많은 걸 배운다는 사회학습이론을 발표했다. 반두라 박사에 의하면, 아이들은 부모가 하는 행동을 그대로 모방함으로써 암묵적인 교육을 그대로 따른다. 그 모든 건 젓가락으로 음식을 먹는다거나 '미안합니다.' 또는 '감사합니다.' 같은 말들을 하는 단순한 행동으로부터 시작된다. 그러니 아이가 약속을 지키기를 바란다면 부모부터 솔선수범해야 한다.

2023년 제19회 항저우 아시안게임에는 e스포츠가 정식 종목이 되었다. 우리나라는 '리그오브레전드', '스트리트파이터' 등에서 금메달까지 획득하는 쾌거를 이루었다. 이제 게임은 단순히 놀이만이 아닌, 투지와 영감을 일으키는 하나의 스포츠로 자리 잡기 시작했다. 이런 마당에 게임을 무조건 만류하는 부모라니! 이제 아이와 함께 게임을 해야 하는 세상이 찾아왔다.

thinking

　　　　　　　부모가 할 일은 첫 번째, 절대적인 지지
를 해 주는 것이고, 두 번째는 아이가 지나치지 않은 수준에서 게임을 하게 하
고, 뇌를 소모했으니 나머지 시간은 체력적으로 에너지를 충전할 수 있도록
안배를 해 주어야 한다. 기기를 오래 들여다보아서 눈 또한 많이 피로할 것이
므로 자연을 보게 만들어 시선을 전환해 주는 것도 좋다.

끈기 없는 아이의
창의력 개발법

solution

"아이에게 노력하는 방법을 아무리 알려 주려고 해도 도무지 애가 끈기가 없어요."

많은 부모가 이에 대해 토로한다. 그럴 때면 나는 이렇게 대답한다.

"아이만 노력해야 하는 게 아닙니다. 부모는 아이에게 사소한 거라도 칭찬해 주려는 '노력'을 해야 합니다. 칭찬을 잘하는 것도 하나의 능력이고, 그 능력은 부모의 노력으로 하나둘 이루어지거든요."

링컨 대통령이 암살되던 날, 그의 호주머니에서 세 가지 물건이 발견되었다. 그 유품은 현재 미국 스미소니언 박물관에 전시되어 있다. 그 세 가지 물건은 시골 소녀가 보내 준 주머니칼 하나, 자신의 이름을 수놓은 손수건 한 장, 그리고 자신을 칭찬하는 기사가 실린 낡은 신문 조각이었다. 신문 조각의 내용은 "링컨은 역대 정치인 중에서 가장 존경받을 만한 사람이다."였다. 링컨처럼 위대한 사람도 힘들고 괴로울 때마다 자신을 칭찬해 주는 신문기사를 꺼내 보며 힘을 얻었다. 링컨 대통령에게도 칭찬이 필요했는데, 하물며 자라나는 아이에게 칭찬은 얼마나 필요하겠는가?

창의력은 '왜 그랬을까?' 하고 의문을 가지는 데서 시작된다. '왜 그랬을까?', '다른 생각을 해 볼 수는 없을까?', '이번에는 좀 다르게 시도해 보자.' 그 생각을 가지는 것이 창의력이고, 창의력은 끈기를 밑바탕으로 한다.

부모는 아이의 창의력을 위해서 칭찬이라는 노력을 아끼지 않아야 한다. 칭찬은 무언가를 뛰어나게 잘했을 때에만 하는 선물 같은 게 아니다. 부모는 매일 양치하듯이 아이의 칭찬을 습관화해야 한다. 무조건 좋다고 칭찬할 것이 아니라 칭찬할 거리를 찾아야 한다. 그러다 보면 무엇을 칭찬할지 생각하게 된다. 즉 아이의 장점을 관찰하게 된다. 아이의 장점을 알게 되면 재능으로 발전할 가능성이 있는 잠재력을 알게 된다.

한편 부모의 절대적인 믿음이 아이의 재능을 일깨워 주는 계기가 되기도 한다. 아홉 살 무렵이었다. 하루는 아버지께서 나에게 '나의 희망'이라는 주제로 글짓기를 해 보라고 하셨다. '나의 희망이라…….' 처음에는 마땅한 생각이 떠오르지 않았다. '무슨 이야기를 쓰지?' 하고 고민하는데, 마침 내가 최근 에디슨 전기를 읽었다는 사실이 떠올랐다. 생각해 보니 나는 과학이나 수학을 좋아하기도 했다. 나는 별생각 없이 에디슨 같은 훌륭한 과학자가 되겠다고 종이에 써서 아버지께 드렸다. 그런데 아버지의 반응은 예상 밖이었다. 아버지는 내가 쓴 작은 종잇조각을 보시고는 무척이나 기뻐하시는 것이 아닌가? 그런 뒤 그 종잇조각을 벽장에 넣으시곤 사람들이 찾아올 때마다 보여 주시기 시작했다. 아버지는 손님이 우리 집을 찾을 때마다 벽장에서 그 작은 종잇조각을 꺼내 "광형이가 과학자가 된다고 한다." 하면서 자랑을 하셨다.

그 일화는 나에게 커다란 인상을 남겼다. "아, 내가 과학자가 되는 꿈을 가졌더니 아버지께서 무척 좋아하시는구나!" 어쩌면 내 인생은 그때 정해졌는지도 모르겠다. 물론 당시 나에게 있는 잠재 능력을 아버지께서 미리 알아보셨기 때문에 더 큰 격려와 응원을 해 주신 건지도 모른다. 하지만 그 일화는 내가 미래를 나아가는 데 있어 큰 영향을 미쳤다. 꿈을 향해 나아가면서 좌절이 될 때마다 나는 아버지의 그 모습을 떠올렸다. 아버지에 대한 기억은 나에게 포기하지 말라는 희망을 주었고, 그 희망의 빛으로 한 단계, 한 단계 다음 스텝을 밟아 나갈 수 있었다. 이렇듯 부모의 순수하고 절대적인 믿음이 아이의 삶에 희망의 빛을 주기도 한다. 단 그 믿음이 부모의 강요나 욕심에 의한 것인지는 늘 살펴보고 경계해야 한다.

아이의 칭찬에는 부모의 진심과 성의가 필요하다. 아이가 부모의 눈에 형편없는 그림을 그리다 말아도 "어떻게 이런 생각을 다 할 수가 있어? 처음 보는 그림이다! 다음에 마저 해 볼까?" 하고 진심 어린 칭찬을 해 주는 자세가 필요하다. 수학 문제를 못 풀어서 포기하려는 아이에게 이 문제도 못 푸느냐고 다그치기보다 "그럼 잠시 쉬고 다시 풀어 볼까? 당장 답을 못 찾더라도 앞으로 수학적 사고 능력 향상에 도움이 될 거야." 하고 격려를 해야 한다. 공부를 10분 하다가 20분만 해도 "어제보다 오늘 더 잘했구나. 확실히 어제보다 끈기가 생겼으니 내일은 30분도 거뜬하겠어."라고 해 주어야 한다.

한 선생님이 반 학생들에게 어느 때 부모님께 감사하고 공경하는 마음이 생기냐는 질문을 했다. 그 결과, 40퍼센트 정도가 부모님이 칭찬할 때라고 답했고, 20퍼센트 정도가 용돈과 선물을 줄 때라고 대답했다. 물질적인 것만이 아이에게 줄 수 있는 최고의 선물이 결코 아님을 부모는 늘 상기해야 한다.

칭찬만으로 아이를 변화시킬 수는 없다고 이의를 제기하는 마음이 들 수도 있다. 부모라면 아이의 잘못된 점을 제대로 지적하고 혼낼 줄 알아야 하는데, 어떻게 끈기없는 아이에게 칭찬 하나만 고수하란 말이냐고 반문할 수도 있겠다. 물론 잘못을 지적하는 일도 필요하다. 그러나 잘못된 점을 지적해서 바로 잡아 줘야 할 때마저도 우리는 칭찬이라는 도구를 함께 사용할 수 있어야 한다. 아이에게 무작정 잘못된 점을 꾸짖는다면 아이는 위축되거나 불쾌한 감정을 가질 수밖에 없다. 그러므로 지적을 하되, 약방의 감초처럼 아이의 좋은 점을 칭찬하면서 이런 부분만 고쳐 나가면 더 좋을 것이라는 방식으로 접근해야 한다. 칭찬에도 기술이 필요하다.

비난은 쉬워도 칭찬은 어렵다. 칭찬하는 습관이 들어 있지 않은 부모는 한순간에 칭찬이라는 무기를 장착하기는 어렵다. 그래서 부모 또한 노력이 필요하다는 것이다. 아이를 훌륭한 사람으로 키우고 싶다면 부모가 바뀌어야 한다. 내가 변하지 않고 아이의 변화를 바랄 수는 없다.

성인들의 사회에서도 비난보다 칭찬을 많이 하라고 한다. 그래야 주위에 친구가 많이 생기고 일이 잘 풀린다. 어른 중에 말끝마다 불평을 늘어놓거나 비판을 하는 게 습관이 되어 있는 사람이 있다. '저 사람은 저래서 나쁘고, 이 사람은 이래서 안 좋다.', '저 사람은 저렇게 해서 기분이 나쁘다.' 하고 말한다. 하지만 모든 사람에게는 장점도 있고 단점도 있게 마련이다. 그래서 한 사람의 단점을 보기 시작하면 끝도 없다. 그 단점을 굳이 끄집어내서 건건이 불평하고 비판을 하면 매사에 부정적인 사람이 된다. 무엇보다 부모가 주위 사람을 비난하면 아이도 배운다. 부모가 주위 사람을 칭찬하기를 습관화하면 아이도 은연중에 배워서 원만한 인간관계를 형성하게 될 것이다. 그런 우리 아이가 성장을 하면 주변에 좋은 사람들이 넘쳐나는 사람이 된다. 긍정적인 사람 주위에는 긍정적인 사람들이 늘 함께하기 때문이다.

아이의 성장은 부모와 함께 이루어진다.

thinking

부모는 아이의 창의력을 위해서 칭찬이라는 노력을 아끼지 않아야 한다. 칭찬은 무언가를 뛰어나게 잘했을 때에만 하는 선물 같은 게 아니다. 부모는 매일 양치하듯이 아이의 칭찬을 습관화해야 한다.

혼자 생각하고
행동하는 연습

solution

요즘 〈나 혼자 산다〉라는 예능 프로그램이 한창 인기라고 해서 보았다. 혼자 재미있게 놀고, 먹고, 공부하고, 여행 가며 즐기는 생활 전반을 보여 주는 방식인 듯한데, 젊은 사람들이 꽤 좋아하는 프로그램인 것 같다. 모르긴 몰라도, '혼자' 잘 놀 줄 아는 사람이 각광 받는 경향이 있는 것 같다.

통계에 의하면, 2020년 대한민국 평균 자녀 수는 0.68명이라고 한다. 가족당 한 자녀도 채 되지 않는다는 얘기이다. 자식 한 명을 겨우 낳아 키우고, 그 자식이 첫째이자 막내다 보니, 부모의 관심은 오로지 그 아이에게 집중된다. 당연하게도 소중한 내 아이의 미래를 위해 이런저런 관여를 하고 싶다. 아니, 크게 관여하고 싶지 않아도 아이가 하나고 시대가 바뀌다 보니, 아이의 친구도 부모요, 형제자매도 부모, 이웃도 부모, 친척도 부모가 된다. 즉 부모가

1인 다역을 해야 하는 상황에 놓여 있다. 한편 '한 아이를 키우려면 온 마을이 필요하다.'라는 아프리카 속담이 있다. 그만큼 아이가 성장하는 데는 어른들의 다양한 관심이 필요하다는 얘긴데, 핵가족화 시대에 심지어 맞벌이까지 하는 부모들은 얼마나 고군분투를 하고 있을까?

하나뿐인 내 아이가 무척이나 소중해 많은 것을 함께하고 싶은 만큼이나 아이에게 주도성, 자립심은 매우 중요하다. 아무리 부모의 관심이 내 아이에게 집중되어도 사랑은 무한히 주되, 적정 거리를 두어서 아이 스스로 하는 방법을 키워 주려고 노력해야 한다. 불과 15년 뒤면 내 아이는 아무도 보아 주지 않는 〈나 홀로 산다〉를 찍으면서 이 세상을 헤쳐 가야 한다. 그땐 혼자 고민하고, 선택하며, 때때로, 아주 때때로만 부모님과 의논하면서 살아갈 것이다. 가끔 선 선택, 후 통보로 부모는 뒷골을 붙잡을지도 모르지만, 그것마저 부모는 받아들여야 한다. 미래를 위해 아이의 자립심을 키우는 연습을 하는 것은 부모 되기의 기본 옵션과도 같다. 그렇게 자라서 내 아이가 커서 〈나 혼자 산다〉에 나오는 사람들처럼 행복하고 재미있게 살아갈 수만 있다면 금상첨화이다.

그렇다면 아이의 자립심을 길러 주기 위해서 부모는 어떻게 해야 할까?

첫 번째는 아이가 실패해도 자꾸만 스스로 해 볼 수 있도록 기회를 주는 것이다. 그 기회를 주기 위해서는 부모의 인내가 필수이다. 관여하고 싶은 욕구, 다그치고 싶은 욕구, 조언하고 싶은 욕구, 가르치고 싶은 욕구를 억누르고 지켜봐 주어야 한다.

그다음은 칭찬, 무조건 칭찬이다. 사실 이는 아이의 세계에서만 통용되는 건 아니다. 카이스트에서 나는 누군가 아이디어를 내면 가장 큰 칭찬을 해 준다. 학교에 있다 보면 교실 불을 미처 끄지 않고 퇴실하여 밤새 불이 켜져 있는 경우가 있다. 이걸 보고 한 직원이 아이디어를 냈다. "밤에 학교를 돌며 교실 불을 끄는 외국인 장학생을 선발하는 건 어떨까요? 외국인 학생은 타국에서 생활하려면 용돈이 필요하고, 학교는 또 아까운 전기료를 절약할 수 있으니 서로 '윈윈' 아닐까 싶습니다." 그 아이디어는 훌륭했다. 나는 아이디어를 낸 직원을 불러 선물을 주고, 바로 학교에 그 시스템을 도입했다. 그 후로도 창의력 있는 아이디어를 낸 사람에게는 아낌없는 칭찬과 사례를 잊지 않았다.

칭찬의 힘은 파급력이 있다는 것이다. 그 후에도 좋은 아이디어를 내는 학생과 직원이 있어 상을 주고 크게 격려했다. 그러자 점점 주인의식을 가지고 노력하는 분위기가 만들어지기 시작했다. 그건 가정에서도 마찬가지일 것이다.

영원토록 부모의 품 안에서 다칠세라, 울세라 곱디곱게 키우고 싶어도 언젠가 아이는 무럭무럭 자라 부모 곁을 떠난다. 그 시간이 되면 부모는 어느새 늙고 아이는 장성한다. 지금 내 눈에 아이는 작고 가녀린 존재지만, 장차 미래를 이끌 주인공에 다름 아니다. 미래에는 고리타분해졌을지도 모를 내 생각, 내 뜻으로 아이를 이리저리 이끄는 건 좋은 태도가 못 된다. 무엇보다 아이를 자립심 있게 키우지 못하면, 내 품을 떠났을 때 어른이 된 아이가 스스로 길을 찾지 못하여 방황할 수도 있다. 우리 아이를 그렇게 살도록 내버려 둘 수는 없다.

아이의 교육에 대해 썼지만, 사실 이 책은 부모 교육에 관한 이야기이다. 아이를 바꾸려 하기 전에 부모가 바뀌어야 한다고 강조하려고 이 책을 썼다.

미래에 우리 아이의 멋진 '혼자'를 위해 부모가 용기를 내야 할 때이다.

thinking

하나뿐인 내 아이가 무척이나 소중해 많은 것을 함께하고 싶은 만큼이나 아이에게 주도성, 자립심은 매우 중요하다. 아무리 부모의 관심이 내 아이에게 집중되어도 사랑은 무한히 주되, 적정 거리를 두어서 아이 스스로 하는 방법을 키워 주려고 노력해야 한다.

실패할수록 성공하는
실패연구소

solution

2021년 2월 23일, 총장 취임식 때 나는 학생과 교직원, 기자 앞에서 누군가 보면 다소 엉뚱해 보였을지도 모를 말을 했다.

"공부를 덜 하고, 많이 실패하세요!"

모두 처음에는 갸우뚱거렸다. 공부를 더도 아닌 덜 하라니, 성공이 아닌 실패라니……. 하지만 나는 진심이었다. 그리고 그해 바로 카이스트에 '실패연구소'가 들어섰다. 이곳은 실패에서 배운 점을 성공으로 재해석해 주는 연구를 하는 곳이다. 일 년에 한 번은 '크레이지 데이'도 열린다. 평소에 적용해 보기 어려웠던 파격적(Crazy)이고, 창의적(Creative)이면서, 도전정신(Challenging)과 배려정신(Caring)을 담은 자신만의 아이디어를 선보인 사람이 수상의 주인공이 되는 날이다.

나는 괴짜가 세상을 이끈다고 믿는다. 괴짜는 실패를 두려워하지 않기 때문이다. 휴대폰을 손가락으로 터치하는 세상은 어떨까? 영상 통화를 할 수 있는 세상은? 이미 우리에겐 익숙한 세계지만 처음에는 모두 이러한 엉뚱한 상상력으로 시작되었다. 최초를 향한 도전에는 실패가 뒤따를 수밖에 없다. 이미 만들어진 세상에 만족하지 않고 주도적으로 변화를 시도하는 사람들이 결국 세상을 바꾼다.

내가 실패연구소를 만든 데는 학생들이 실패에 대한 두려움을 덜 느끼면 좋겠다고 생각했기 때문이다. 성공한 사람들도 실패를 경험한 예들은 수없이 많다. 또한 더 커다란 성공으로 귀결된 실패한 시도들도 많다. 자신이나 타인에 의한 실패 결과나 과정은 귀중한 교훈을 줄 수 있다.

세계적인 농구선수 마이클 조던은 이렇게 말했다. "나는 내 농구 경력에서 9000개 이상의 골을 넣지 못했다. 나는 거의 300경기에서 졌다. 나는 26번 승리를 위한 골 기회가 주어졌을 때 넣지 못했다. 나는 내 인생에서 실패하고, 실패하고 또 실패했다. 그리고 그것이 내가 성공한 이유이다."

〈해리포터〉 작가 J.K. 롤링은 이렇게 말했다. "삶에서 실패하지 않는 것은 불가능하다. 당신이 사는 것을 포기할 정도로 조심해서 살아가지 않는 한. 만약 그런 삶이라면 이미 실패한 삶이다."

하지만 훌륭한 사람들의 수많은 메시지에도 여전히 사람들은 실패를 두려워한다. 실패가 두려워 시도조차 하지 못한다. 특히 그 시도가 남들이 걷지 않은 길이거나, 실패가 자꾸만 반복될 때 더욱 그렇다. 우리 사회는 타인의 실패를 큰 오점으로 생각하는 경향이 있기 때문이다. 누군가의 실패를 시간, 돈, 인생을 낭비한 것으로 쉽게 재단한다. 사회의 시선에 따라 "이것을 제대로 못 하면 끝이야.", "문제가 생겼으니 내 인생도 망했어." 등과 같은 최악의 상황이 올 것으로 생각하는 파국화(catastrophizing) 사고가 생긴다. 하지만 수많은 실패 없이 김연아가 멋진 트리플악셀을 할 수 있었을까? 조성진이 아름다운 피아노 연주를 할 수 있었을까?

실패는 '다음 성공을 위한 디딤돌'이다. 처음 추구한 목표에 달성하지 못해도 그 과정에서 책이나 수업으로 배울 수 없는 소중한 것을 배우고, 이것이 다음에 성공할 수 있는 동력으로 작용한다. 성공의 반대말은 실패가 아니라 포기이다. 포기하지 않는다면 이룰 가능성이 최소한 0퍼센트보다 높다. 실패의 가장 큰 원인은 내가 중간에 포기했기 때문이다. 나는 사람들에게 당부한다. 누구에게나 잠재된 괴짜성을 잃어버리지 말라고. 타인과 비교하고 좌절하지 말고, 자기 안의 반짝이는 빛을 향해 나아가라고. 이것을 이젠 아이들에게도 알려 주고 싶다.

그러기 위해서 나는 카이스트 캠퍼스를 '괴짜들의 놀이터'로 만들고 싶다. 카이스트에 들어오면 뭐든지 시도해 볼 수 있다. 실패해도 전혀 부끄럽거나 실망스러운 일이 아니다. 이런 분위기가 캠퍼스에 강물처럼 흐를 때 카이스트는 괴짜들의 놀이터가 되어 있을 것이다.

나는 각 가정에서도 실패연구소를 하나씩 차릴 필요가 있다고 본다. 가족 구성원 중 한 명이 연구소장을 하고, 한 명이 서기를 하고, 한 명이 진행하는 등 각자 역할을 맡는다면 더 좋겠다. 실패했을 때는 사고 쳤다고, 다음부터 그렇게 하지 말라고 실컷 혼내 놓고, 아이에게 '실패해도 괜찮아.'라고 그럴싸하게 말하는 건 모순이다. 부모부터 실패에 관대한, 아니 실패를 즐기는 연습부터 해야 한다. 그러므로 일주일에 한 번 혹은 한 달에 한 번 가족회의에서 실패 사례를 발표하고, 그 속에서 얻을 수 있는 교훈과 다음 도전에 관해 이야기를 나누는 시간을 갖는다면 실패도 행복한 순간으로 남을 것이다. 또 어떤 날에는 실패와 관련한 위인의 명언이나 사례를 발표하는 시간을 가질 수도 있겠다. 그 시간은 가족 간에 행복한 행사가 될 거로 믿어 의심치 않는다. 그 과정에서 아이는 실패가 하나의 놀이이자, 인생의 한 과정으로 학습할 것이고, 나아가 미래에 반짝이는 인재로 자라날 것이다.

thinking

실패는 '다음 성공을 위한 디딤돌'이다. 처음 추구한 목표에 달성하지 못해도 그 과정에서 책이나 수업으로 배울 수 없는 소중한 것을 배우고, 이것이 다음에 성공할 수 있는 동력으로 작용한다. 성공의 반대말은 실패가 아니라 포기이다. 포기하지 않는다면 이룰 가능성이 최소한 0퍼센트보다 높다.

괴짜 할아버지가 알려 주는
'아싸'의 힘

solution

지금은 세상 사람들이 알아주는 괴짜 교수, 괴짜 총장이 되었지만, 나는 교수 시절 꽤 오랫동안 아웃사이더, 요즘 말로 '아싸'로 살았다. 남들 눈에, 무엇보다 스스로에게 당당한 사람이 되기까지는 꽤 오랜 시간이 필요했다.

과거에는 지금보다 괴짜가 더 살아남기 쉽지 않은 세상이었다. 엉뚱한 행동을 하는 사람을 관대한 눈으로 바라기보단 행실이 나쁜 사람을 일컫는 '악동'으로 바라보는 시선에 가까웠다. 그들은 "모난 돌이 정 맞는다."라는 속담을 떠올리게끔 별종인 나를 자신들의 무리에 끼워 주지 않았다. 사람들이 나를 색안경을 끼고 바라보는 동안 정체성을 부정하는 혼란과 방황기가 있었다.

세상은 다양성보단 획일화를 강요했고, 특히 튀는 걸 싫어했다. '왜 꼭 그렇게 생각해야 하지?', '조금 다른 눈으로 바라볼 순

없을까?' 이런 나의 관점은 번번이 묵살되었다. 남들과 조금 다르게 생각하고 행동했을 뿐인데, 그로 인해 수많은 고정관념과 불편한 시선이 나를 따라다녔다. 당연히 주류에서 제외되었고, 그 덕에 교수 생활의 3분의 2는 자신감 없이 위축된 채로 살았다.

아웃사이더로 사는 삶은 버거웠고 대부분 소외감을 느꼈다. 그때는 사실 괴짜라는 수식어가 붙는 것도 달갑지 않았다. '너는 왕따야.' 하고 놀리는 듯한 기분이 들어서이다. 그때 나를 지배한 감정은 불행감이었다. 불행이란 남과 비교하는 데서 시작되는 작은 불씨였다. 어느샌가 나는 주류, 인사이더와 나를 비교하고 있었다. 내 삶의 주인공은 나인데 타인의 빛을 좇고 있었던 것이다.

그런데 문득 내 뒤통수를 치는 생각이 스쳐 갔다. 남과 비교했을 때 가장 잘된 모습은 무엇일까? 바로 남과 비슷해지는 것이다. 그렇다면 내가 진짜 원하는 모습은 남과 비슷해지는 것일까? 그건 절대 아니었다. 길을 찾은 것 같았다. 나는 조금 외로울지언정 내가 원하는 방향으로 살고 싶었다. 그리고 그 길을 묵묵히 걸어가고 있었다. 나는 나를 긍정할 만한 가치가 있었다.

내가 어떤 사람인지 알고 나를 믿는 힘은 중요하다. 마음속에 내가 가야 할 방향을 비추고 '나는 이런 사람이야, 나에겐 이 길이 좋은 거야.'라는 확신을 가져야 한다. 소외감이라는 느낌 역시 마찬가지이다. 결국 남과 비슷하게 어울리려는 마음에서 비롯되는 것이다. 외롭고 힘든 변방의 시절을 거치고 보니, 결국은 내 색깔을 분명히 하고, 잘할 수 있는 길을 선택해서 실력을 쌓는 게 최후의 승자라는 생각이 들었다. 괴짜들이야말로 기존 세상에 안주하지 않고 늘 뭔가를 바꾸려 하는 사람이라는 확신이 든 순간, 나는 더 이상 아웃사이더가 아니었다. 내 인생 전체를 비추는 빛을 만난 기분이었다.

아이는 세상의 보배이다. 그 아이를 세상 사람들이 우러러보는 훌륭한 사람으로 키우고 싶은 바람은 무척 자연스러운 마음이다. 아니, 적어도 주류에 합류된 채 편안하게 이 세상을 살기 바라는 것이 부모의 마음이다. 하지만 멀리 봐야 한다. 내가 아웃사이더의 삶을 강조한다고 해서 아이를 무작정 아웃사이더로 키우라는 말은 아니다. 인사이더가 무조건 나쁘다는 말을 하려는 것도 아니다. 다만 내 아이의 고유한 특성이 설령 지금 현재 이 세상의 주류가 아니라 해도 그것을 살려 줄 부모의 여유와 배짱이 필요하다는 말을 하고 싶다. 결국 내 마음속 빛을 따라 묵묵히 걸어가는 사람이 삶의 최종 승자이기 때문이다.

남과 비슷한 길을 가려는 사람들은 결국 존재감이 없다. 남과 비슷해지려는 인사이더들은 종국에는 빛나기 힘들다. 반면 아웃사이더들은 환하게 빛날 수 있다. 아무도 가지 않은 자신만의 길 위에서 독보적인 존재로서.

이 괴짜 할아버지가 '아싸'의 길을 닦아 놓을 테니, 우리 아이들은 마음껏 자신이 좋아하는 일을 하면서 자신만의 고유한 길을 밝혀 가면 좋겠다. 다행히도 다양한 개성을 가진 아이들이 뛰놀 만큼 세상은 넓고, 하루가 달리 변하고 있다.

그러고 보니 '아싸!'는 좋은 일이나 행복한 일이 있을 때 기쁨에 취해 내는 감탄사를 의미하기도 한다. 앞으로 행복하고 즐거운 '아싸!'들이 많은 세상을 꿈꾼다.

thinking

　　　　　　　내 아이의 고유한 특성이 설령 지금 현

재 이 세상의 주류가 아니라 해도 그것을 살려 줄 부모의 여유와 배짱이 필요

하다는 말을 하고 싶다. 결국 내 마음속 빛을 따라 묵묵히 걸어가는 사람이 삶

의 최종 승자이기 때문이다.

아이돌 좋아하는
우리 아이의 미래

solution

20여 년 전의 일이다. 일본인 친구들은 나를 만날 때마다 〈겨울연가〉를 보았느냐고 물었다. 나는 텔레비전을 잘 보지 않아서 모른다고 답했고, 그 사실을 딱히 부끄럽게 여기지 않았다. 그런데 일본인 친구는 "당신, 한국인 맞느냐?" 하고 핀잔을 주었다. 그때 정신이 번쩍 들었다. 어느새 텔레비전을 잘 보지 않는 게 미덕인 시대는 지나간 것이다. 그 핀잔을 들은 후에 〈겨울연가〉를 빠뜨리지 않고 봤다. 그 이후로 여전히 텔레비전을 볼 시간적 여유는 나에게 많이 주어지지 않았지만, 적어도 그것을 보지 않는 것이, 관심이 없다는 것이 자랑이 아니라는 것쯤은 알고 관심을 기울이기 위해 노력해 왔다.

아이들이 자라기 시작하면 동요보다 아이돌이 부르는 가요를 더 좋아하게 되는 순간이 온다. 그 작은 손과 발로 춤도 곧잘 따라

춘다. 아이돌 표정부터 몸짓까지 흉내를 내는 듯한 아이를 본 부모들은 흐뭇한 웃음 짓다가도 문득 근심에 쌓인다.

'아이가 벌써 이래도 되나?'

'이러다 공부는 안 하고 아이돌만 쫓아다니면 어떡하지?'

'유튜브나 텔레비전을 가급적이면 못 보게 해야 하는 건 아닐까?'

우리 마음속에는 정보 통신 미디어에 대한 불신이 있다. 특히 텔레비전이나 인터넷 등이 아이에게 나쁜 영향을 끼칠 것이라는 생각이 저변에 깔려 있다. 우리는 지금만큼 미디어가 보편화되지 않고, 심지어 텔레비전을 바보상자라 부르기도 했던 시대를 지나왔기 때문이다. 하지만 우리 아이들은 그렇지 않다. 모르는 게 생기면 책을 찾기 이전에 인터넷을 검색하고, 활자보다는 영상으로 정보를 찾는 세상을 살고 있다. 더구나 아이들이 따라 부르는 아이돌의 대한민국 평균 데뷔 나이는 16세이다. 나와 아이의 나이 차보다 아이와 아이돌의 나이 차가 훨씬 더 적다. 아이들이 아이돌을 보며 친밀감을 느끼고 따라 하는 게 전혀 이상한 일이 아니라는 말이다.

K팝 한류를 이끄는 기획사들은 처음 기획 단계부터 남다르다. 세계의 음악 트렌드를 분석하여 이를 바탕으로 기획한다. 이는 세계적인 움직임을 만들고 따라가는 것이다. 이를 듣고 세계화에 발

맞춰 가는 우리 아이를 저지하는 것이 옳다 말할 수 있을까? 오히려 그 흐름에 몸을 맡기며 건강하게 커 가는 아이를 응원의 눈으로 봐야 하지 않을까?

K팝이 세계적인 열풍을 일으키고 있다. 이제 세계 어디를 가도 한국인이라고 말하면 방탄소년단, 블랙핑크에 대해 말한다. 세계의 많은 젊은이가 K팝을 듣고 열광한다. 공연이 있으면 줄을 서서 표를 사고, 그 공연을 보려고 해외로 가는 것 또한 서슴지 않는다. 용돈을 모아 꽤 비싼 아이돌 굿즈를 사고, 똑같은 CD를 여러 개 장만하기도 하며, 아이돌이 없는 아이돌 생일 카페에 간다. 지하철역을 지나다 보면 아이돌 생일을 축하하는 전광판을 흔치 않게 볼 수 있는데, 그것도 팬들이 십시일반 돈을 모아 광고를 낸 것이라고 들었다. 솔직히 말하면, 나는 그들의 사고방식과 문화를 이해하지 못한다. 아마 그들 역시 내가 생각하는 것을 잘 모를 것이다. 이런 현상은 젊은 세대와 어른 세대 사이에 존재한다.

인간은 거의 동일한 뇌 인식 구조를 가지고 태어난다. 그러나 성장하고 사회생활을 하면서 외부 환경으로부터 각자 다른 여러 가지 정보를 받아들이는데, 그것들이 모여 뇌 속에 지식 체계가 형성된다. 이러한 지식 체계는 사고의 틀을 제공하고 새로운 사물에 대한 인식에 큰 영향을 준다. 이 체계는 새로운 정보가 들어오면 영향을 받아서 조금씩 변해 간다. 결국 처음부터 사고방식이 다른 것이 아니라, 받아들이는 정보에 따라서 사고방식이 달라지는 것이다. 이런 방식으로 세대에 따른 차이가 발생한다.

신문이나 책 등 종이 활자로 세상을 인식하는 사람과 인터넷, 텔레비전 등 미디어로 세상을 바라보는 사람 사이에는 당연히 격차가 생길 수밖에 없다. 10여 년 이상 인터넷에 있는 소식이나 댓글을 읽지 않으면 그것을 읽는 사람과 분명 다른 사고방식을 가지게 될 것이다. 바로 나 자신이 그런 예이다. 인터넷 댓글을 읽지 않고, 드라마를 보지 않고, 아이돌 노래를 듣지 않으며 살았기 때문이다. 분명 나는 단절된 사회의 한쪽 끝에 와 있다. 건너편의 사람과 사물을 배제하며 산 것이나 다름없다. 그래도 부모들은 나보단 나을 것 같다.

우리는 인터넷으로 세상을 보는 사람들, 소셜네트워크로 소통하는 사람들, 아이돌 음악을 듣는 사람들의 세상으로 들어가야 한다. 아이들과 함께 공연장에 가고, 유튜브를 함께 봐야 한다. 그것이 잘못됐다거나, 이상하다거나, 유별나다고 소외시킬 게 아니라 응원해 주고 함께 노래도 들을 줄 알아야 한다. 결국 세상은 그들이 생각하는 대로, 원하는 대로 굴러가게 되어 있기 때문이다. 그들이 세상의 주인이 될 것이고, 시간은 아이들의 편이다.

thinking

　　　　　K팝 한류를 이끄는 기획사들은 처음
기획 단계부터 남다르다. 세계의 음악 트렌드를 분석하여 이를 바탕으로 기획
한다. 이는 세계적인 움직임을 만들고 따라가는 것이다. 이를 듣고 세계화에
발맞춰 가는 우리 아이를 저지하는 것이 옳다 말할 수 있을까? 오히려 그 흐름
에 몸을 맡기며 건강하게 커 가는 아이를 응원의 눈으로 봐야 하지 않을까?

상상력을 키우는
창의력 아파트

solution

"창의력은 태어날 때부터 타고나는 거 아닌가요?"

사람들로부터 자주 받은 질문이다. 이 질문에는 창의력이라는 게 뭔가 대단한 능력이라는 전제가 깔려 있다. 하지만 창의력은 그저 남들과 조금 다르게 생각해 보는 것에서 시작된다. 기존에 정해진 틀을 조금 비틀어 생각해 본다든지, 늘 다니는 길 대신 다른 길로 가 본다든지, 어제와 조금 다른 선택을 해 보는 것이 그 시작이다.

어떤 것을 배우고자 할 때는 그에 대한 방법론이 있다. 혼자 배우고 익히기 어려운 사람들을 위해 피아노 학원, 태권도 학원, 컴퓨터 학원 등 다양한 학원도 존재한다. 그런데 창의력을 계발하는 방법은 잘 알려져 있지 않다. 책을 많이 읽으라고들 하는데, 독서가 어떤 절차로 창의력을 만들어 주는지 감이 잘 잡히지 않는다.

그래서 창의력은 타고나는 것 아니냐는 질문도 자주 나오는 것이다. 하지만 강조하건대, 창의력은 노력으로 계발할 수 있다.

그렇다면 부모가 아이들의 창의력을 키우기 위해 어떤 도움을 줄 수 있을까?

전 세계에 살고 있는 유대인은 1600만 명으로, 80억 인구 중에서 0.2퍼센트밖에 안 된다. 그러나 노벨상 전체 수상자의 27퍼센트를 차지하고 있다. 이렇게 유대인이 노벨상을 많이 받는 이유는 무엇일까? 그들이 특별히 창의력과 관련된 남다른 유전자를 가지고 있어서일까? 그러나 그것은 생물학적으로 불가능한 일이다. 유대인들은 모계로 민족성이 유지된다. 어머니가 유대인이면 자식도 유대인이 된다. 아버지가 유대인인지는 따지지 않는다. 더구나 유대인들은 2000년 동안 흩어져서 살았다. 그 아무리 아브라함의 자손이라 해도 그 유전자가 수천 년간 유지되었을 리 없다. 그러므로 좋은 유전자를 타고났다는 건 성립되지 않는다. 그렇다면 후천적인 교육이 영향을 발휘했을 거라 짐작해 볼 수 있다. 유대인 교육은 질문하고 토론하는 하브루타 교육이다.

유대인 부모들은 학교에서 돌아온 아이에게 이렇게 묻는다.

"오늘 질문 많이 했니?"

반면 대한민국 부모들은 이렇게 말한다.

"선생님 말씀 잘 듣고 말썽 안 피웠니?"

우리는 선생님 말씀을 착실히 잘 듣는 것만이 학생으로서 올바른 행동으로 인식하는 경향이 있다. 그래서 학생들이 받는 표창장에는 "위 학생은 품행이 방정하고……"로 시작되는 경우가 종종 있다. '방정하다.'의 사전적인 뜻은 '말이나 행동이 바르고 점잖다.'이다. 점잖고 바른 행동이 곧 바른 학생임을 강조하는 학교에서 자유로운 사고와 질문은 아무래도 장려되지 않기 마련이다.

"훌륭한 개최국 역할을 해 주신 한국 기자들에게 질문권을 드리고 싶군요. 정말 누구 없나요?"

2010년 11월, G20 서울정상회의에 참석한 버락 오바마 전 미국 대통령은 폐막 연설 후 열린 기자회견에서 한국 기자들에게 질문할 기회를 주었다. 하지만 아무도 손을 들지 않자, 오바마가 다시 말했다.

"한국어로 질문하면 아마도 통역이 필요할 겁니다. 사실 통역이 꼭 필요할 겁니다."

청중이 웃음을 터뜨리고 드디어 한 기자가 손을 들었다. 하지만 그는 중국 기자였다. 오바마 대통령은 난처해하며 이 기회는 한국 기자에게 준 것이니 그럴 수 없다고 했다. 그러나 질문하려는 한국 기자가 없어서 기회는 중국 기자에게 돌아갔다. 질문에 익숙하지 않은 한국의 민낯을 보여 준 일화라고 할 수 있다.

많이 질문하려면 많이 생각해야 한다. 생각하고 행동하는 모든 일은 뇌가 주관한다. 우리 뇌 속에는 1000억 개의 뇌세포가 있다. 각각의 뇌세포는 혼자 일을 제대로 하지 못한다. 뇌세포들은 상호작용을 하여야만 일을 원활히 해낼 수 있다. 즉 뇌 속에서 뇌세포 사이 회로가 많이 만들어져야 그에 맞는 일을 할 수 있다. 전자회로는 무생물체이기 때문에 한 번 회로가 만들어지면 변하지 않는다. 그러나 뇌세포는 생물체이기 때문에 뇌세포 회로가 시간에 따라 변할 수 있다. 뇌세포를 자주 협동하게 만들면, 그들 사이 강한 연결이 형성되어 팀워크가 좋아진다. 이처럼 뇌세포들이 팀워크가 잘되어 쉽게 반복되는 일을 '습관'이라고 부른다.

창의력은 남과 다른 생각을 자주, 많이 하는 것이다. 그러면 뇌세포 회로가 발달되고, 자연스레 자유로운 생각들은 하나의 습관이 된다. 새로운 생각을 하는 것이 습관이 되면 매사에 의문을 가지고 질문하는 태도가 일상이 되고, 자연스럽게 창의력이 형성된다. 스스로 질문하게 되면 새로운 아이디어가 많이 나오게 된다. 이 과정은 마치 기초를 탄탄하게 만든 창의력 아파트를 짓는 일과도 같다. 1층에 반복적인 생각이, 2층에 그 생각들로 발달된 뇌세포 회로가, 3층에 그 회로로 만들어진 습관이, 4층엔 습관으로 인해 자연스럽게 발생되는 질문이, 5층에는 비로소 이들로 만들어진 창의력이 자리 잡게 되는 것이다.

즉 부모는 아이가 마음속에 창의력 아파트를 짓도록 도와야 한다.

창의력

질문

습관

뇌세포 회로

반복하는 생각

창의력 아파트를 지으려면 생각의 기초를 튼튼히 해야 한다.

교육이란 아이 특유의 고유한 재능을 발굴하여 계발하는 것이다. 창의력도 마찬가지이다. 질문을 많이 하고, 생각하고, 토론하는 과정에서 창의력이 길러진다. 자주 의문을 가지고 질문하려면 '너는 참 기발한 생각을 했구나!', '어쩜 이런 호기심을 가질 수 있니?' 등 어른들의 칭찬이 필요하다. 질문에 칭찬이 만나면 창의성은 저절로 계발된다.

창의력 아파트 하나를 튼튼히 지어 놓으면 아이의 평생 자산이 된다. 이는 부모가 아이에게 물려줄 수 있는 가장 값진 유산이라고 해도 과언이 아니다. 나아가 학교가, 사회가 질문을 자유롭게 할 수 있는 분위기를 조성하여 우리 아이들이 자유롭게 생각을 펼칠 수 있도록 장을 마련해야 한다.

thinking

　　　　　　　　스스로 질문하게 되면 새로운 아이디어가 많이 나오게 된다. 이 과정은 마치 기초를 탄탄하게 만든 창의력 아파트를 짓는 일과도 같다. 1층에 반복적인 생각이, 2층에 그 생각들로 발달된 뇌세포 회로가, 3층에 그 회로로 만들어진 습관이, 4층엔 습관으로 인해 자연스럽게 발생되는 질문이, 5층에는 비로소 이들로 만들어진 창의력이 자리 잡게 되는 것이다.

베풀 줄 아는 아이가
미래를 리드한다

solution

한때 "호의가 계속되면 그게 권리인 줄 안다."라는 말이 사람들의 입에서 오르내렸다. 2010년 개봉한 영화 〈부당거래〉에 나온 대사라고 하는데, 남에게 친절을 베푸는 선의가 계속되면 그것이 마치 당연한 일인 양 인식되어 가는 현 상황을 드러내는 말이라고 볼 수 있다. 나는 이 말이 유행처럼 번지는 세태에 안타까움을 금할 수 없다. 타인이 호의를 권리인 양 당연하게 인식하는 태도는 당연히 문제가 있다. 하지만 그렇다고 해서 타인에게 호의를 가지고 대하지 않는 태도는 결국 나에게 좋은 영향을 미치지 않는다.

사람은 태생적으로 이기적인 존재이다. 인간은 자신을 보호하고 종족을 보존하는 본능을 가지고 태어난다. 당연하게도 인간은 자신에게 이로운 사람과 함께하고 싶어 한다. 나에게 도움이 안 되는 사람은 상대적으로 멀리하는 건 당연한 일이다. 상대방 또한 같은 생각을 한다. 그러므로 타인의 도움을 얻으려면 내가 먼저 상대방에게 이로운 존재인가 아닌가를 생각해야 한다. 여기서 인간관계의 기본적인 비결이 나온다. 타인이 나에게 무언가를 주나 생각하기 이전에, 내가 먼저 타인에게 도움이 되는 존재여야 한다는 것. 그래야 내가 필요할 때 도움을 청할 수 있다.

아이들의 세계에서도 마찬가지이다. 친구의 장난감을 빼앗고, 내가 아끼는 과자를 나누어 먹지 않으면, 상대 아이도 나에게 인정을 베풀기 싫다. 생일이 되어서 친구들을 초대하고 싶어도, 평소 인정을 나누고 베풀지 않았다면 그 친구가 생일선물을 들고 내 생일파티에 참석하고 싶을까?

나는 아이들에게 "호의가 계속되면 그게 권리인 줄 안다."라는 메시지를 전하고 싶지 않다. 오히려 "호의를 베풀어야 나에게 돌아오게 마련이다."라고 전하고 싶다. 어떤 일이든 좋고 선한 일을 하면 보상이 온다. 그 보상이 지금 오는가, 1년 뒤에 오는가, 10년 뒤에 오는가 하는 차이일 뿐이다. 사람들은 눈앞에 당장 이익을 취하면 이기적이라 한다. 그러나 머리를 굴려 당장의 이익이 아니라 미래를 위한 이익을 취하면 이타적이라 한다. 눈앞의 이익을 좇기보다 미래의 이익을 추구해야 하는 가장 큰 이유이다. 이러한 10년짜리 계산법을 가지고 삶에 임하면, 이해관계가 신의의 관계로 발전하곤 한다. 미래를 이끌 리더들이 가져야 할 덕목이기도 하다.

　미국의 유나이티드항공 비행기에 탄 캐나다 출신 가수 데이브 캐럴은 이륙을 기다리며 창문 밖을 내다보다 항공사 직원들이 자신의 기타를 짐짝처럼 집어던져 400만 원이나 하는 기타 목이 부러져 버리는 광경을 목격했다. 그는 시카고 공항에 내려 배상을 요구했으나, 항공사 직원은 탑승한 곳에 가서 민원을 넣으라는 대답뿐이었다. 그는 유나이티드항공 고객지원센터와 9개월 동안 실랑이를 벌였지만 결국 "보상해 줄 수 없다."라는 답신을 받았다. 그러나 그는 굴복하지 않았다. 무명이었던 데이브는 '유나이티드가 기타를 부수네(United Breakes Guitars)!'라는 노래를 만들어 유튜브에 올려 버린 것이다. 그는 그 노래로 일주일만에 300만 명 이상이 동영상을 보는 등 유명세를 탔고, 언론에까지 소개되면서 그는 일약 스타가 되었다. 반면에 항공사의 주가는 일주일 만에 10퍼센트 이상 빠져 2000억 원의 손실을 보았다. 그 돈이면 기타 5만 개를 사고도 남는 금액이다. 결국 유나이티드항공은 빗발치는 비난 속에 회사 이미지가 급속하게 악화되어 회사 경영진이 직접 나서서 사과문을 발표하지 않을 수 없었다.

　만약 유나이티드항공이 10년짜리 계산법을 통해 당장의 이익을 취하지 않고 데이브 캐럴에게 배상을 했더라면 어땠을까? 어쩌면 캐롤은 '유나이티드가 나에게 새 기타를 주었네(United gave me a new guitar)!'라는 노래를 부르지 않았을까? 즉 10년 후의 이익을 계산했다면 서비스 좋은 회사라는 사람들의 칭찬과 함께 기업의 이미지와 영업 이익 또한 상승하지 않았을까?

디지털 트렌스포메이션 전문가이자 〈포천〉 선정 500대 기업의 어드바이저 쉘린 리는 『오픈 리더십』에서 "미래의 리더는 잘 조정하는 사람이 아니라 잘 포용하는 사람이다."라고 강조했다.

즉 베푸는 자세야말로 우리 아이가 미래 사회에서 사람들을 끌고 리더로 성장할 수 있는 비결이다. 그 아무리 기계가 세상을 대신하는 순간이 온다 해도, 사람을 이끌고 사람의 마음을 사로잡는 리더십은 변하지 않을 것이다. 우리 아이를 미래 리더로 키우려면 베풀 줄 아는 아이로 자라나기 위한 노력을 아끼지 않아야 하는 이유이다.

thinking

　　　　　　　　나는 아이들에게 "호의가 계속되면 그
게 권리인 줄 안다."라는 메시지를 전하고 싶지 않다. 오히려 "호의를 베풀어
야 나에게 돌아오게 마련이다."라고 전하고 싶다. 어떤 일이든 좋고 선한 일을
하면 보상이 온다. 그 보상이 지금 오는가, 1년 뒤에 오는가, 10년 뒤에 오는가
하는 차이일 뿐이다.

상상력을 자극하는 3차원 창의력 왼손법칙

우리는 궁금증이 생기면 그에 대해 답을 알기 위해 이런저런 생각을 한다. 창의력은 바로 이 과정에서 나온다. 하지만 다양한 생각에 대해 꼬리에 꼬리를 무는 게 익숙하지 않다면, 이는 쉽지 않다. 그런 아이들을 위해 일상에서 창의력을 기르는 방법을 고안했다. 이른바 '창의력 왼손법칙'이다.

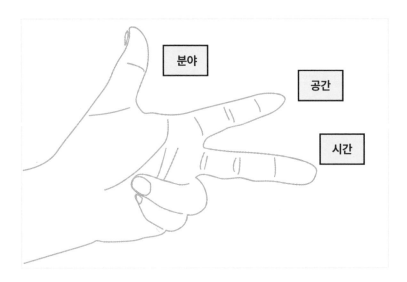

창의력 왼손법칙은 시간, 공간, 분야의 3가지 방향으로 생각을 펼쳐 본다.

방법은 어렵지 않다. 왼손을 들고 약지와 새끼손가락을 접은 채로 중지, 검지, 엄지를 쫙 펴 보자. 그런 뒤 중지는 '시간', 검지는 '공간', 엄지는 '분야'라고 정하자. 시간, 공간, 분야라는 세 축을 중심으로 생각을 이리저리 움직여 보는 것이다. (아이들이 '분야'라는 말을 어려워하면 사전을 찾아보며 단어의 정의부터 함께 해 보기를 추천한다.)

이 축을 중심으로 생각을 움직이면 평소에 생각했던 것과 전혀 다른 아이디어를 떠올릴 수 있다. 일상에서 매일 접하는 흔한 물건, 일들이라도 시간, 공간, 분야를 달리해 보면 다른 상상을 할 수 있다는 것을 알게 된다.

가장 먼저 시간 축을 중심으로 생각을 움직여 보자. 시간을 기준으로 생각을 이동시키면 10년, 20년, 30년 후를 그려볼 수 있다. 나는 오래전부터 미래를 생각해 왔다. 내 전공인 컴퓨터, 바이오, 뇌공학 쪽이 워낙 빨리 변하는 분야라서 그런 습관이 생긴지도 모른다. 요즘은 10년 후 달력을 만들어 사용한다. 내가 바라는 일, 가치관 등을 미래 어딘가 적어 놓고 생각하면 생각 자체가 전혀 다르게 이루어진다. 아이들의 경우 10년, 20년 후 어른이 된 내 모습을 상상해 보면 되겠다.

그다음은 공간 축을 기준으로 생각을 움직여 보자. 내 생각을 아이슬란드, 몽골의 어느 집으로 가져가 보는 것이다. 나의 일상을 지구 반대편 어딘가로 옮겨 보면, 지금 나에게 쓸모없는 것들이 지구 어딘가 아이들에게는 굉장히 유용하게 쓰일지도 모르고, 나에게 매우 소중하게 쓰이는 물건이 그곳에서는 크게 의미 없을 수 있다.

마지막으로 분야 축을 중심으로 생각을 움직여 보자. 내가 생각하는 대상 분야를 바꾸거나 확장해 보는 방식이다. 사회가 복잡해지면서 분야 또한 점점 세분화되었다. 복잡한 사회현상을 인간이 모두 이해하기 어렵기 때문에 일부분에만 집중하는 것이다. 그러나 특정 분야에만 집중하다 보면 주변에서 일어나는 일을 알아채지 못하는 경향이 있다. 그런데 여러 분야를 두루 살피면 새로운 아이디어를 얻을 수 있다. 바로 분야의 융합을 일컫는다.

이렇게 시간, 공간, 분야를 묶어 하나의 프레임으로 보는 것이 3차원 창의력이다. 3개를 결합하면 3차원의 세계가 형성되고, 3차원 세계를 여행하면 현실에 구속받지 않아 고정관념에서 탈피할 수 있다.

이제 실전에 돌입해 휴대전화를 예로 들어 살펴보자.

시간 축을 이동해서 살펴보면, 미래에 휴대전화가 어떻게 쓰일지 다양하게 상상할 수 있다. 지금처럼 전기 충전을 해야 하는 형태일까? 크기는 어떻게 변할까? 아기가 태어날 때 처음부터 휴대전화 칩을 몸에 부착하는 스마트 부착술이 유행하진 않을까?

공간 축을 이동해서 살펴보면, 세계 각국에 휴대전화가 어떻게 쓰이는지 짐작해 볼 수 있다. 몽골 게르 안에 와이파이를 설치하려면 어떻게 해야 할까? 아이슬란드 오로라를 잘 촬영할 수 있는 휴대전화 사진 신기술이 개발되지 않을까?

분야 축을 이동해서 살펴보면, 휴대전화가 사람이 가지고 다니는 것이 아니라 동물용 전화기로 개발되면 어떨까 하고 생각해 볼 수 있다. 동물 크기에 맞게 사이즈가 커지거나 작아져야 하지 않을까? 손을 사용할 수 없는 동물을 생각해 울음소리로 작동되어야 하지 않을까?

이렇듯 3차원 창의력 왼손법칙으로 생각하면 머릿속에 다양한 아이디어가 떠오른다. 평소 생각하지 않았던 다양한 질문들을 던지면 뇌세포 회로가 형성된다. 이렇듯 우리는 얼마든지 창의적인 뇌를 만들어 나갈 수 있다.

3차원 창의력 왼손법칙으로 뇌세포 회로 키우기

1. 아이와 함께 눈에 띄는 물건 하나를 정해 보자.

----

2. 이 물건을 시간 축을 이동해서 상상해 보자.

----

3. 이 물건을 공간 축을 이동해서 상상해 보자.

----

4. 이 물건을 분야 축을 이동해서 상상해 보자.

----

5. 3차원 창의력 왼손법칙으로 상상한 물건들을 모아 새로운 미래
　 의 백과사전을 만들어 보자.

Part 2

생각도 마음도
반짝이는 아이로
키우기

(부모 편)

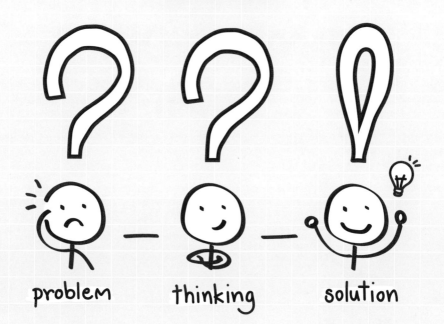

problem — thinking — solution

아이의 창의력은
'존경'에서 꽃핀다

solution

우리는 보통 아랫사람에게 존경을 받길 원한다. 스승은 제자에게, 선배는 후배에게, 부모는 내 아이에게 존경을 받고 싶은 마음이 자연스레 생긴다. 존경을 받으려면 무릇 존경을 받을 만한 행동을 해야 하지만, 돌이켜보면 대부분 그런 행동을 하지 않고서 은근히 존경 받기를 원하는 경우도 많다. 아랫사람에게 대우를 받고 싶어하는 마음은 대부분 사람이 지닌 기본 습성이기 때문이다.

정신분석학자이자 사회심리학자인 에리히 프롬은 말했다.

"존경이란 인간의 모습을 있는 그대로 보고, 그 사람이 유일무이한 존재임을 아는 능력이다."

존경이 위의 말 그대로라면, 거꾸로 스승은 제자를, 선배는 후배를, 부모는 아이를 존경해야 하는 것이 아닐까?

나는 아이의 창의력을 계발하기 위해서 '칭찬의 힘'이 필요하다고 강조한 바 있다. 뇌에는 쾌락을 느끼게 하는 신경전달물질 도파민이 있다. 이 도파민과 직결된 것이 바로 칭찬이다. 한 번 칭찬을 들으면 또 칭찬을 들으려고 같은 행동을 반복한다. 아이를 훈육할 때 칭찬이 효과가 큰 것도 이 때문이다. 칭찬을 많이 듣고 자란 아이는 자긍심이 크고 어려움을 극복하는 힘도 강하다. 즉 새로운 생각을 할 때 칭찬을 해 주면 창의력을 키울 수 있다는 의미이다. 이러한 칭찬은 바로 상대를 존중하고 존경하는 태도에서 나온다.

인간은 기본적으로 자기중심적으로 생각하는 동물이다. 그러므로 자연스럽게 자신을 우선으로 두고 살아가기 쉽다. 하지만 주위를 잘 둘러보자. 사람은 모두 나름의 장점이 있다. 특히 어린아이들을 살펴보자. 순수하고 해맑다. 이 아이는 자라서 훌륭한 일을 많이 할 가능성을 얼마나 많이 내포하고 있는가? 반면 사람의 단점을 보기 시작하면 끝이 없다. 그러므로 우리는 타인의 장점을 보기 위해 노력해야 한다. 장점을 먼저 보는 것도 습관이다. 그런 습관을 가지고 보면 모든 사람은 존경할 만한 존재이다.

모든 사람은 겉옷을 입고 산다. 자세히 들여다보면 사람들이 칭찬을 하고 우러러보는 건 다 나의 겉옷을 보고 이야기하는 것이다. 내가 가진 명예, 직위 등을 칭찬하고 환호하는 것이다. 그러나 언젠가 그 겉옷을 내려놓는 순간은 오게 마련이다. 그때는 어떻게 될까? 나를 존경해 마지않던 사람들이 여전히 내 곁에 머무르고 있을까? 나는 겉옷을 내려놓은 후에 존경을 받아야 진정한 존경이지, 겉옷을 화려하게 입고 있을 때의 존경은 아무런 의미가 없다고 본다. 그리고 겉옷에 추앙받는 삶은 오히려 삶에 독이 되기도 한다.

자녀에게 존경을 받고 싶은 부모라면 아이들이 장성해서 독립할 때, 더 이상 부모의 힘이 필요하지 않을 때 존경받을 수 있는 존재가 되려고 노력해야 한다. 존중받으려고 노력하면 타인도 알게 마련이다. 아이도 아는 것은 물론이다. 그러므로 성심성의를 다하여 아이를 존중하고 사랑으로 대해야 한다. 단순히 아이에게 존경을 담아 대하는 것 뿐만이 아니라, 부모가 세상 사람들에게 존중, 존경하는 마음으로 대해야 아이가 그대로 보고 배우게 된다. 나는 나의 자녀들에게 존경한다고 말한 적이 여러 차례 있다. 아이가 아빠는 미처 생각하지 못한 장한 일을 했을 때, 나는 아이에게 서슴없이 존경한다는 문자를 보냈다.

식당에서 일하는 사람에게 어떻게 대하는지 보면 그 사람을 알 수 있다는 말이 있다. 아무리 내 아이를 존중해도 식당 종업원에게 함부로 대하는 태도를 보인다면 그동안의 존경이 아무런 의미가 없다. 부모라는 역할은 그래서 쉽지 않다. 어쩌면 인격적으로 팔방미인이 되어야 하는지도 모른다. 아이는 말로 키우는 게 아니다.

아이는 부모의 행동을 보고 배운다.

나는 학교 조직도를 거꾸로 붙여 놓고 있다. 그러면 총장이 가장 아래에 있고, 학생과 교수가 가장 위에 있다. 그렇게 매일 아침, 존경해야 할 사람이 누군지 생각한다. 나는 진심으로 대한민국의 미래를 책임지는 우리 학생을 존경한다. 학생들을 가르치는 교수님을 존경한다. 결코 학생과 관련된 일을 미루거나 소홀히 한 적이 없다고 자부한다.

대화를 하다 보면 상대방의 말을 듣기보다 자기 말을 하기에 급급한 사람이 있다. 말을 잘하는 게 중요한 세상이라고 하지만, 타인의 이야기에 귀 기울이는 '듣기'가 훨씬 중요하다. 특히 아이의 이야기를 귀 기울여 듣는 것은 부모의 필수 조건이다. 30여 년 더 살았다는 이유로 내가 아이를 무조건 이끌 자격이 있다고 여기면 안 된다. 경청하기 위해선 당연하게도 아이를 존경하는 마음이 있어야 한다. 기다림에는 배려가 담겨 있다. 아이가 무엇을 원하는지, 나와는 무엇이 다른지 생각하는 과정에서 부모의 마음에도 유연함이 깃들고 아이를 대하는 방식도 달라진다.

기억하자. 아이의 창의력은 부모의 '존경'에서 비로소 꽃핀다.

thinking

식당에서 일하는 사람에게 어떻게 대하는지 보면 그 사람을 알 수 있다는 말이 있다. 아무리 내 아이를 존중해도 식당 종업원에게 함부로 대하는 태도를 보인다면 그동안의 존경이 아무런 의미가 없다. 부모라는 역할은 그래서 쉽지 않다. 어쩌면 인격적으로 팔방미인이 되어야 하는지도 모른다. 아이는 말로 키우는 게 아니다. 부모의 행동을 보고 아이는 배운다.

프랑스 육아법으로 살펴보는
아이의 창의력

solution

우리나라에 프랑스 육아법이라는 게 꽤 오랫동안 유행하고 있는 듯하다. 프랑스 육아법이란 "좌절을 경험하지 않은 아이는 불행하다!"라는 모토 아래, 아이에게 규칙과 도전을 권장하고, 아이를 독립적인 존재로 보는 양육 방식 등을 일컫는다.

나는 1980년대에 아내와 프랑스에서 유학하며 아이들을 낳았다. 아이를 기르는 데 있어 프랑스 육아법에 어느 정도 빨리 영향을 받은 셈이다. 내가 프랑스 사람에게서 느낀 점은 아이, 어른 할 것 없이 개성과 창의성을 존중한다는 것이다. 어떤 자리에서도 각자의 개성은 존중되는데, 그것은 어린아이의 교육에서부터 시작된다.

어느 프랑스 가정집을 방문했을 때였다. 그 집 아이는 세 살이었다. 그런데 이 조그마한 아이가 유치원 선생님과 불화가 있단다. 불화라고 표현하는 것이 조금 이상하지만, 아무튼 아이가 선생님이 싫다며 유치원 가기를 거부했다고 한다. 부모님은 유치원 선생님과 상담하여 문제점을 파악하고 선생님과 아이의 사이가 원만해지도록 노력하고 있었다. 그런데도 선생님과 아이 사이는 조금도 좋아지지 않는다고 했다. 그래서 유치원을 바꾸는 문제를 심각하게 논의하고 있었다.

나에게는 이 광경이 무척이나 낯설고 흥미로웠다. 우리나라 가정이라면 어떠했을까? 세 살짜리 아이가 선생님을 거부할 수 있었을까? 거부한다고 해도 그걸 '불화'라는 말로 설명했을까? 설령 그런 일이 일어났다고 해도 무엇보다 그 문제를 선생님과 상의할 수 있었을까? 오히려 선생님 말씀을 안 듣는 아이를 나무라고 유치원에 가는 걸 거부하면 나쁜 어린이라는 식으로 아이를 다그치지 않았을까?

프랑스에서 어린이가 학교에 갈 때 부모가 당부하는 말은 보통 "학교에서 질문을 잘해라.", "무슨 일에든 용감해라!", "맞서 싸워라." 등이라고 한다. 그에 반해 우리는 "선생님 말씀 잘 들어라.", "말썽 피우지 마라." 등으로 말하는 게 보통이다. 무엇이 더 옳다, 그르다 할 문제는 아니지만, 이 문화 차이만을 보아도 우리 아이들은 자기 개성에 맞지 않는 선생님을 불평할 수 없는 상황인 것은 너무나 자명하다 할 수 있을 것이다.

프랑스는 일상생활에서도 개성과 창의성을 강조하는 태도를 보인다. 한여름에도 밍크코트를 입고 멋을 내는 여인을 보면 어느 정도인지 짐작할 수 있지 않을까. 이들은 남이 나를 어떻게 볼까 하는 염려는 그다지 하지 않고, 남들도 그 여인을 이상하게 쳐다보지 않는다.

음식점에 가서도 개인별로 개성 있게 음식을 주문한다. 고기는 어느 것으로 어느 정도 익히고, 드레싱과 후식은 무엇으로 할지 등을 자신의 입맛과 기호에 맞게 고른다. 우리나라에서처럼 앞사람과 같은 것으로 주문하면 자신이 없든지 개성이 없는 사람으로 인식되기 십상이다. 앞에 한두 사람이 먼저 주문하면 그다음에는 그것으로 통일하는 것을 미덕처럼 생각하며, 개성껏 자기 나름대로 주문을 하면 뭐 그리 까다롭게 구느냐고 하는 우리의 획일적인 분위기와는 매우 다르다.

이러한 현상들을 보면 프랑스 사람들이 오늘날 예술과 과학에서 새롭고 창의적인 아이디어를 많이 창출하는 것이 결코 우연이 아니라는 생각이 든다. 어려서부터 가정에서 또 사회에서 개인의 개성과 창의성을 존중하고 강조하는 데 따른 자연스러운 귀결인 것이다.

이에 비해 "가만히 있으면 중간이라도 간다.", "모난 돌이 정 맞는다." 등의 우리 통념들이 개인의 개성을 말살하고 창의성을 메마르게 하는 것은 아닐까? 창조란 개성을 자유롭게 펼칠 수 있을 때 싹트는 것이기 때문이다. 창의적인 아이디어를 내고 개성을 살리려는 것에 대해 "뭐 그리 유별하게 구느냐?"라는 말로 뭉개 버리는 것은 개인의 불행일 뿐 아니라 국가적으로도 큰 손실임에 틀림없다.

아이라고 해서 좋고 싫음이 없는 것이 아니다. 아이가 당장 조금만 커도 자기가 선호하는 색깔과 옷 스타일이 생기고, 때로는 계절에 안 맞는 옷을 골라 입는다고 고집을 부려 부모를 곤란하게 만들기도 한다. 나는 이것이야말로 매우 긍정적인 신호라고 생각한다. 좀 엉뚱한 옷을 입으면 좀 어떤가? 이런 우리 아이가 유치원이나 학교에 가기 전에 "질문 많이 하고, 용감한 하루 보내라." 하고 말해 주면 좋겠다. 창의력이란 아이의 기가 살아 있을 때 솟아나게 마련이다.

thinking

프랑스에서 어린이가 학교에 갈 때 부모가 당부하는 말은 보통 "학교에서 질문을 잘해라.", "무슨 일에든 용감해라!", "맞서 싸워라." 등이라고 한다. 그에 반해 우리는 "선생님 말씀 잘 들어라.", "말썽 피우지 마라." 등으로 말하는 게 보통이다. 무엇이 더 옳다, 그르다 할 문제는 아니지만, 이 문화 차이만을 보아도 우리 아이들은 자기 개성에 맞지 않는 선생님을 불평할 수 없는 상황인 것은 너무나 자명하다 할 수 있을 것이다.

부모 이광형의
밥상머리 교육법

solution

맞벌이 부부가 증가하고, 아이들은 국영수 학원에 예체능까지 이런저런 일로 바쁘다 보니 한 가족이 모여 식사를 하는 일이 드물다. 하지만 온 가족이 모여 식사를 하는 시간이야말로 아이들에게 자연스럽게 부모의 가치관을 심어 줄 수 있는 좋은 기회라고 생각한다.

유태인의 교육법인 하브루타 교육에서는 여럿이서 짝을 지어 자기가 알고 있는 지식이나 특정한 주제에 대해 서로 질문하고, 토론하고, 대화하고, 논쟁하는 것을 중요시한다. 이 과정에서 여러 지식과 주제를 다양한 관점에서 생각할 수 있게 되고, 자연스럽게 새로운 정보도 습득할 수 있다. 다른 사람의 의견을 존중하고 자신의 생각을 논리적으로 말하는 능력을 향상시키는 것은 물론이다. 유태인들은 가족들과 식사를 하면서 바로 이 하브루타 교육을 연장선으로 진행한다. 이 과정에서 가족들과 여러 현안에 대해 대화를 나눌 수 있는 것은 물론이고, 가족들의 생각을 다양한 관점에서 생각해 보는 기회를 마련할 수 있다.

우리나라에서는 밥 먹을 땐 식사 자체에 집중해야 한다고 배운다. 하지만 아이들과 마주할 수 있는 기회가 더없이 소중한 지금, 식사 시간에 아이들과 다양한 대화를 진행함으로써 자연스레 건강한 가치관을 심어 주는 기회로 삼아야 한다.

나의 어머니는 항상 나에게 "남에게 잘해야 한다."라는 말을 수없이 되풀이했다. 그 가르침은 밥상머리에서도 이어졌다. 집 안에 먹을거리가 생기면 항상 동네 사람들에게 나누어 주셨고, 나는 음식을 나누기 위해 어머니 심부름도 곧잘 하곤 했다. 그 과정에서 맛있는 건, 좋은 건 나누는 것이란 개념이 자연스레 내 머릿속에 자리 잡게 되었다. 어머니 계산법은 지금 생각하면 인공지능 퍼지 계산법이었다. 퍼지(fuzzy)는 불분명한 상태, 모호한 상태를 참 혹은 거짓에서 벗어나 다양한 가치로 표현하는 논리 개념이다. 이 개념으로 어머니는 다른 사람과 이해관계가 걸린 일을 할 때 '내가 손해를 보듯 하라!'라는 가르침을 주셨다. 나는 이런 어머니의 계산법을 '6:4 계산법'이라 부른다. 상대에게 6을 주고 내가 4를 가져야 비로소 상대방이 공평하다고 느낀다는 말이다.

사람은 모두 자기중심적으로 생각하기 때문에 내가 조금 손해를 본 것같이 해야 한다. 아이에게 그저 말로 "남들에게 베풀어라."라고 하는 건 큰 공명을 주지 못한다. 부모가 솔선수범하여 대화와 행동으로 보여 줌으로써 아이에게 체화되도록 해 주어야 한다.

나는 부모가 식사 시간을 그 기회로 삼았으면 한다. 다만 "내가 너를 가르치겠다!"라는 강압적인 태도는 좋지 않다. 앞서 하브루타 교육에서 이야기했듯이 토론과 경청을 통한 다양한 의견 교환의 장이 되어야 한다. 무엇보다 아이의 말에 귀를 충분하게 기울여 주고, 공감하며, 의견을 물어보는 태도가 중요하다. 즉 대화가 중요하다는 뜻이다.

대화를 하려면 상대방이 말한 후에 나도 말을 해야 한다. 어른들이 의외로 잘하지 못하는 대화의 기술이다. 대화를 이어 나가려면 상대방이 말한 것에 이어 나도 말을 해야 한다. 이때 상대방의 말은 내가 말을 하기 위한 힌트 또는 질문이 된다. 이렇듯 상대의 말은 나의 두뇌를 활성화시키는 자극이 될 수 있다. 여기서 창의력 또한 향상된다. 어떤 사안에 대해 자유롭게 대화를 이어 나가는 과정에서 좋은 아이디어를 얻게 되는 경우가 많기 때문이다. 창의력이란 새로운 것을 생각하는 것이다. 새로운 생각이란 완전히 독특한 것도 있지만, 대부분 다른 사람의 아이디어를 종합하여 연결함으로써 얻어진다. 즉 자연스러운 대화는 창의력을 향상시킬 수 있는 지름길이 된다.

아이의 창의성을 기르기 위해 학원을 보내거나, 취미생활을 길러 주거나, 책을 읽히는 등의 다양한 방법이 있다. 그러나 나는 일상생활에서의 중요성을 강조하고 싶다. 그중에 으뜸은 온 가족이 모여 있는 식사 시간이다. 물론 칭찬이라는 반찬을 곁들인 식사이다. 부모는 이 시간을 소중히 잘 활용했으면 좋겠다. 이 시간은 자녀가 장성해서 독립하게 되면 더 없이 그리워하게 될 소중한 순간임에 틀림없다.

thinking

사람은 모두 자기중심적으로 생각하기 때문에 내가 조금 손해를 본 것같이 해야 한다. 아이에게 그저 말로 "남들에게 베풀어라."라고 하는 건 큰 공명을 주지 못한다. 부모가 솔선수범하여 대화와 행동으로 보여 줌으로써 아이에게 체화가 되도록 해 주어야 한다.

아이의 여백을
두려워하지 않은 부모

solution

나는 재능이 뛰어난 아이가 아니었다. 내 이야기를 들은 부모들은 조금 의아해할지도 모른다. 그러고는 이런 궁금증을 가질지도 모르겠다.

"어렸을 때 그래도 기본적으로 공부를 잘하는 축에 속하지 않았을까요?"

"누가 뭐래도 지금은 카이스트 총장님이잖아요."

사람들은 지금 내 현재를 보곤 뭔가 어렸을 때부터 남다른 무언가가 있을 거라고 생각한다. 하지만 내 성장 과정을 말하면 싱겁기 그지없다 여길 수도 있겠다.

공부에 대해 먼저 말하자면, 잘하는 편에 속하긴 했다. 그러나 그게 다였다. 이 세상 모든 건 상대적이기 마련이고, 날고 기는 아이들에 비하면 나는 아주 평범했다.

나는 농촌에서 농사를 짓는 부모 밑에서 아홉 형제자매 중 다섯째로 태어났다. 아주 가난하진 않았다. 그렇지만 부모님은 사시사철 바빴고, 아홉 형제자매 중 가운데인 나에게 관심을 주실 여력이 턱없이 부족했다. 머리가 나쁜 편은 아니었지만, 그렇다고 천재 소리를 들을 만큼 좋은 것도 아니었다. 나를 대단하다 봐주는 사람도 없었고, 스스로 내 자신이 대단하다는 생각을 해 본 적도 없었다.

세상 사람들은 아이에게 자신감을 키워 줘야 한다고들 한다. 패배감, 좌절감보다 성취감, 승리감을 맛보게 해야 한다고 믿는다. 나 역시 그것이 아주 중요하다고 생각한다. 그러나 내 아이가 지금 당장 1등을 하지 않는다고, 돋보이지 않는다고, 아웃사이더라고 해서 조급해할 필요는 없다. 내 아이의 찬란한 순간이 현재에 당장 일어나지 않을 수도 있기 때문이다. 이제 우리는 100년을, 120년을 산다. 인생은 생각보다 길다.

내가 인생의 3분의 2를 아웃사이더로 살았다고 말하면 사람들은 놀라서 묻곤 한다. 이 자리까지 오르게 된 원동력이 무엇이냐고. 돌이켜 보면 부모님이 늘 바쁘셨던 게, 머리가 좋지 않았던 게, 키가 크지 않았던 게, 잘생기지 않았던 게, 무리를 이끌 만큼 리더십이 없었던 게 결국 지금의 나를 만들지 않았나 싶다.

자화자찬 같지만, 사람들은 나에게 겸손하다는 이야기를 많이 한다. 늘 남이 나보다 나을 거라는 생각으로 타인의 말을 귀 기울여 듣는 것이 습관이 되었기 때문이다. 나의 겸손은 내숭이 아니다. 그것은 내가 완벽하지 않고 부족하다는 인식에서 시작되었다. 타인을 우러러보고 배우려는 태도들이 모여 지금의 나를 만들었다고 생각한다.

지금보다 젊은 카이스트 전산학과 교수 시절, 나는 '아싸'였다. 주변에는 늘 무리를 이끄는 반짝이는 사람들이 있었고, 나는 대부분 거기서 열외였다. 때때로 외롭고, 자주 위축되었다. 세상이 나 빼고 빠르게 돌아가는 것 같았다. 그래도 나름 교수인데, 학생들을 가르치는 사람인데, 남들 눈에 행복해 보여야 하지 않을까? 좀 더 잘나 보여야 하지 않을까? 그 잣대에 솔직히 흔들린 적도 있다. 하지만 나는 이내 정신을 차렸다.

'아, 참! 나는 연구자이지. 연구로 부족한 부분을 채워야지.' 그때마다 나는 본질에 집중했다. 그리고 많은 교수가 정년 퇴임한 지금, 나는 여전히 카이스트에서 활발히 활동하고 있다.

내가 훤칠한 외모를 가지고 태어났다거나, 머리가 뛰어나게 좋았다거나, 요즘 말로 '핵인싸'라서 좌중을 휘어잡는다거나, 뛰어난 출신이었다면 어땠을까? 내가 더 잘난 사람이 되었을까? 글

쎄, 오히려 좀 더 건방진 사람이 되지 않았을까 조심스레 짐작해 본다.

어린 시절에도 나보다 공부 잘하는 친구, 키 큰 친구, 힘센 친구들이 수두룩했다. 돌이켜 보면 그것들이 지금의 나를 만든 힘이지 않나 싶다. 많은 부분에서 남보다 뒤떨어졌지만, 오히려 그랬기에 나는 더 노력할 수 있었다. 나에게는 무언가를 채워 넣을 공간이 많았다. 비어 있는 공간은 당장은 결핍 같아도 사색하고 노력하고 인내할 시간을 만들어 주었다. '그러고 보니, 나는 공부를 못하지 않잖아? 열심히 해 보자!' 그렇게 내면은 단단해졌고, 나는 쉽게 우쭐하지 않는 노력형 인간이 되었다.

부모는 매순간 마음으로 '참을 인(忍)'을 그리지 않으면 인내심이 쉽게 바닥이 나는 존재이다. 부모는 당장 내 눈으로 아이의 성과를 보고 싶다. 아이는 고작 10년 언저리를 살았지만, 친구들에게 둘러싸인 인기 많은 아이, 집중력도 좋고, 공부도 잘하며, 운동도 잘하는 아이가 되었으면 한다. 태어날 때 '건강하게만 자라다오.' 하고 바라던 부모의 마음은 시간이 흐르며 조금은 욕심이 보태졌다.

다 내 아이를 위해서, 미래를 위해서라고 안위하지만 조금 더 내밀한 본심을 살펴보면 그 속에는 아이가 아닌, 부모를 향한 욕망이 숨어 있다. 잘난 내 아이를 사람들에게 자랑하고 싶고, 세상에 내놓고 싶고, 무엇보다 그런 아이를 내 눈으로 확인하고 싶다. 그 마음도 충분히 이해한다. 아이를 낳고 기른다는 건 언제나 평정심을 가질 수 있는 일은 아니기 마련이니까.

하지만 조금만 시간의 여유를 두고 아이를 바라보라. 지금 이 순간, 당장, 내 아이를 세상의 기준에 줄 세워 다그칠 필요는 없다. 사람은 저마다 각자 능력이 발현되는 시기가 다르다. 세상도 시시각각 바뀐다. 그 변화 속에서 능력이 발현되는 시기는 무척 빠를 수도, 느릴 수도 있다. 냉정하게 말하자면, 그 순간은 부모가 이 세상을 떠난 뒤일지도 모른다.

무엇보다 인생은 스포트라이트가 비치지 않는 순간이 대부분이다. 마치 연극의 막이 오르기 전 어두운 공간에서 대기하는 것과 같은 일종의 무의 시간 말이다. 설령 어둡다 해도 그 시간은 결코 열패감을 느낄 만한 패배의 순간이 아니다. 내공을 쌓고, 자신을 들여다보고, 타인의 성공에 박수갈채를 보내면서 내면을 알차게 키워 가는 시간이다. 그 시간을 잘 보낸 사람만이 띠는 빛이 있다. 부모는 아이에게 그 순간을 행복하고 충만하게 보내는 법을 알려 줘야 한다. 스포트라이트가 비치는 순간에는 주변에 나를 축복해 주는 사람이 많지만 빛이 사라진 순간은 대부분 '홀로'이기 때문이다.

　부모는 아이에게 빛이 비치는 순간보다 그렇지 않은 순간에 단단하게 보내는 방법을 일러 주는 존재라야 한다. 그게 결국 아이를 빛나게 하는 일이다.

thinking

조금만 시간의 여유를 두고 아이를 바라보라. 지금 이 순간, 당장, 내 아이를 세상의 기준에 줄 세워 다그칠 필요는 없다. 사람은 저마다 각자 능력이 발현되는 시기가 다르다. 세상도 시시각각 바뀐다. 그 변화 속에서 능력이 발현되는 시기는 무척 빠를 수도, 느릴 수도 있다. 냉정하게 말하자면, 그 순간은 부모가 이 세상을 떠난 뒤일지도 모른다.

아이의 미래를
주관식처럼!

solution

우리는 아이가 건강하게 자라나 장래에 어떤 역할을 하며 이 세상을 살아갈지 알고 싶다. 그건 우리 아이가 아기일 때나, 어린 이일 때나, 청소년일 때나 변함없다.

첫돌에 접어든 아이가 돌잡이를 하고 있다. 아직 어린 아기는 자기 앞에 무슨 일이 펼쳐지는지 잘 모르기에 눈앞에 놓인 물건에는 도통 관심이 없다. 엄마, 아빠는 진땀을 빼 가며 아이에게 청진기, 판사봉, 골프공, 돈 등을 쥐어 주려 한다. 한참 씨름 후에 아이가 드디어 실뭉치 하나를 집어 들자, 부모들은 "장수하겠다!" 하고 환호하고 주변 사람들은 박수를 친다. 요즘은 많이 간소화되었지만, 여전히 종종 아이의 미래를 축복하는 하나의 이벤트로서 아이의 장래 운명을 점치는 돌잡이를 하곤 한다.

아이는 자라서 어린이가 되었다. 어른들은 아이에게 "커서 뭐가 되고 싶니?" 하고 자주 묻는다. 어린아이들은 소방관, 택시 운전사, 선생님, 유튜버, 아이돌 등 주변 곳곳에 보이는 멋있는 어른들의 모습을 기억했다가 장래희망으로 대답하기도 하고, 우주비행사, 마술사, 만화 주인공 등 상상의 나래를 펴서 답하기도 한다. 그리고 때로는 아빠와 혹은 엄마와 결혼하는 게 꿈이라는 깜찍한 대답을 해서 부모를 웃음 짓게 만든다.

이 질문은 청소년기에 접어든 아이에게도 여전히 통용된다. 하지만 부모는 더 이상 어린 시절 아이가 천진하게 대답하던 자유로운 미래 희망에 웃음 짓지 않는다. 아이의 선택이 곧 미래를 어느정도 결정짓기에 질문에 무게감이 조금 실리기 시작한 것이다. 부모는 아이의 대답에 따라 장래희망이 장래성이 있나 생각하고, 아직 구체적인 생각이 없다는 대답에 조급증을 느끼기도 한다.

대부분 대학에 들어갈 때 성적에 따라 학과를 정하면서 직업을 정하는 경우가 많기 때문이다. 10대 후반의 나이에 어느 정도의 진로가 정해지기에 (물론 막상 성인이 되면 학과와 다른 진로를 정하는 경우도 있고, 대학을 가지 않는 선택을 하기도 한다. 무엇보다 먼 미래에는 시스템 자체가 바뀔지도 모를 일이다.) 부모의 생각은 깊어진다. 하지만 우리 아이에게 장래성 있는 직업이 무얼까 생각하는 게 쉬운 일은 아니다.

지금 우리 눈에 보기 좋은 직업이 미래에도 좋으리란 보장은 없다. 아이가 한참 사회생활을 하는 미래는 지금과는 또 다른 모습을 하고 있을 게 분명하다. 불과 20~30년 전만 하더라도 한의사는 꽤 괜찮은 직업으로 각광받았다. 하지만 지금은 상황이 변했다. 현재는 의대가 인기 있는데, 인공지능이 대세가 될 미래에도 그럴지는 알 수 없다. 공부를 하지 않고 게임만 하는 아이를 보며 부모는 크게 한숨 쉬었지만, 어느새 게임을 잘하면 프로게이머가 되는 세상이 되었다.

오늘은 미래의 과거이다. 오늘 보기에 좋은 것을 목표로 준비하면, 우리 아이는 20년 후에 과거지향적인 사람이 되어 버린다. 그렇다면 미래를 내다보고 직업을 준비하려면 어떻게 해야 할까?

정답부터 말하자면, 국제 관계와 인구 변화, 기술 변화를 꾸준히 관찰하면서 세상의 흐름을 어느 정도 읽어야 한다. 우리나라에서는 특히 이런 것들이 세상을 바꾸는 주요 기준이기 때문이다. 하지만 나는 부모들에게 이와 별도로 권하고 싶은 것이 있다. 바로 우리 아이가 무엇을 할 때 가장 재미있어하는지 자세히 지켜보라는 것이다.

취업정보회사 인크루트에서 직장인의 현재 직업의 만족도를 알아보기 위해 직장인 886명을 대상으로 설문조사를 실시했다.

그 결과, "업무와 처우 모두 만족한다."라는 응답이 15퍼센트로 나온 반면, "업무와 처우 모두 불만족한다."라는 응답은 38.6퍼센트를 나타냈다. "모두 불만족한다."를 선택한 이유로는 낮은 연봉과 인상률(47.4퍼센트), 미래가 불안정한 직업(21.9퍼센트), 적성에 안 맞는 업무(17.5퍼센트) 등을 들었다. 또 "과거로 돌아간다면 현재의 직업에서 다른 직업으로 바꿀 것인가?" 하는 흥미로운 설문조사도 진행했는데, 무려 응답자의 84.3퍼센트가 "직업을 바꾸고 싶다."라고 답했다.

이 설문조사는 현재의 직업에 만족을 느끼지 않음에도 돈을 벌기 위해 일할 수밖에 없는 대한민국의 현실을 적나라하게 대변한다고 생각한다. 이 책을 읽는 대부분 생계를 꾸리기 위해, 아파트 대출을 갚기 위해, 우리 아이를 잘 기르기 위해 만족하지 않은 일을 참으면서 하는 경우도 많을 것이다. 하지만 우리 아이만큼은 미래에 '업무와 처우 모두 만족한다.', '하는 일이 재미있고 즐겁다.'라고 대답하게 만들어 주고 싶은 게 부모의 마음이다.

이렇듯 우리는 보통 잘하는 일과 좋아하는 일의 괴리를 느끼며 사는 경우가 많다. 좋아하는 일은 취미 정도로라도 삼고 있다면 그나마 다행이다. 대부분 잘하는 일을 좇아 돈을 번다. 하지만 우리 아이가 살아갈 세상은 100세, 120세 시대이다. 물론 도중에 하는 일의 장르를 바꿀 수도 있지만, 부모라면 좋은 직업의 길라잡이가 되고 싶지 않겠는가? 재미없는 걸 업으로 삼기엔 인생이 너무 길다. 그러므로 아이에게 객관식 답을 강요하듯이 현재 좋아 보이는 직업이나 일을 요구할 게 아니라, 아이가 무엇이든 오랜 시간 즐거워하고 집중하는 것을 살펴야 한다. 그것이야말로 우리 아이 장래 희망의 튼튼한 씨앗이 될 수 있다.

부모가 원하는 장래 직업은 이미 정해진 답이 있는 객관식 문제와도 같다. 미래에는 부모가 낸 사지선다형 문제 속에 답이 아예 없을 수도 있다. 새로운 직업이 생기기도 하고, 각광받는 직업이 없어지기도 하면서 직업의 세계는 변하고 또 변한다는 얘기이다. 미래를 살아갈 아이에게 부모의 생각을 요구하는 건 아이의 가능성을 좁히는 일이다. 그보다는 아이가 집중하는 일, 재미있어하는 일, 잘하는 일, 금방 시간을 보내는 일을 유심히 관찰하고, 그 재미가 특기가 되고 장기가 되도록 칭찬해 주자. 칭찬을 받으면 아이는 자꾸 반복하고, 반복하다 보면 능력이 늘어난다.

사람들은 재능이란 타고난 것으로만 생각하는 경향이 있다. 하지만 나는 1만 시간의 법칙을 믿는다. 같은 일을 1만 시간 반복 연습하면 특출한 능력이 만들어진다는 법칙이다. 1만 시간을 연습하기 위해서는 일반적으로 10년이 걸린다. 손흥민 선수, 아이돌 등은 모두 10년 이상 참고 노력했다. 그들이 10년을 참고 노력할 수 있게 해 준 것은 바로 누군가의 칭찬이었다.

기억하자. 아이의 미래는 아직 정답이 정해지지 않은 주관식 세상이다.

thinking

　　　　　　　　미래에는 부모가 낸 사지선다형 문제
속에 답이 아예 없을 수도 있다. 새로운 직업이 생기기도 하고, 각광받는 직업
이 없어지기도 하면서 직업의 세계는 변하고 또 변한다는 얘기이다. 미래를
살아갈 아이에게 부모의 생각을 요구하는 건 아이의 가능성을 좁히는 일이다.
그보다는 아이가 집중하는 일, 재미있어하는 일, 잘하는 일, 금방 시간을 보내
는 일을 유심히 관찰하고, 그 재미가 특기가 되고 장기가 되도록 칭찬해 주자.

수많은 '카더라' 속에서 부모 중심 잡기

solution

매번 바뀌는 대학 입시 제도에 부모들은 늘 혼란스럽다. 아이는 이제 한글을 깨우치기 시작했는데, 미래를 위해 영어 유치원에 보내야 한다, 유학을 보내야 한다, AI 선행학습은 필수이다, 수능 준비는 초등학교 때부터 해야 한다 등등 수많은 '카더라'가 넘쳐난다. 그 가운데서 부모는 어디에 기준을 두고 아이를 가르쳐야 하나 싶어 우왕좌왕하기 일쑤이다. 이 말을 들으면 이 말이 맞고, 저 말을 들으면 저 말이 맞다. 뉴스에서는 수능 킬러 문항이 배제될 거라고 하는데, 부모 입장에서는 킬러 문항이 배제되면 되는 대로, 아니면 아닌 대로 어떻게 준비시키고 가르쳐야 하나 고민스럽기는 매한가지이다.

내가 가장 우려스러운 것은 그런 '카더라' 속에서 자칫 아이의 인성 교육이 소홀히 여겨질 수 있다는 데 있다. 부모의 걱정 속에는 우리 아이를 어떻게 바르게 키울 것인가에 대한 고민은 빠져 있는 경우가 많다.

물론 부모의 이런 고민이 이해가 되지 않는 것도 아니다. 우리나라는 대학 입시와 전공 선택에 따라 어느 정도 직업이 좌지우지되기 때문이다. 부모 역시 그런 시대를 지나왔다. 1980년대생들이 대부분인, 밀레니얼 세대에 속하는 부모들은 대부분 수능이라는 입시 지옥을 경험한 바 있다. 이들은 지옥 같은 입시 교육을 바꾸고 싶다는 바람을 간절히 가지고 있다. 하지만 그 바람만큼 수능이 지닌 힘도 크게 체감하고 있다. 수능이 싫지만 당장 이를 외면할 수만은 없다는 사실을 누구보다 잘 안다. 그런 부모 입장에서 내 아이를 좋은 대학, 좋은 학과에 보내고 싶은 마음을 무시할 수만도 없는 노릇이다.

하지만 나는 늘 부모들에게 강조하는 것이 있다. 부모의 지난 경험을 태도로 아이의 미래를 판단 짓지 말라는 것이다. 부모들은 나무를 보지 말고 숲을 보아야 한다. 우리는 단순히 눈 앞의 움직임에 좌지우지할 게 아니라, 미래를 보며 나아갈 필요가 있다. 시대는 하루가 다르게 변하고 있고, 그 가운데 AI의 개발은 '불의 발견'을 능가하는 문명사적 사건이다. 이제 우리는 AI 대전환 시대에 맞는 교육을 논의해야 한다. 이는 부모 세대와는 또 다른 커다란 변화의 움직임이다. 카이스트는 성적은 좀 낮더라도 로봇·게임 개발에 미친 '괴짜'에게도 기회를 준다. 그만큼 AI 시대를 대비한 창의력 교육이 너무나 절실하기 때문이다. 마찬가지로 부모들도 우리 아이에게 획일적인 공부에서 벗어나 다양한 경험을 해 볼 기회를 주어야 한다.

수능은 정해진 시간 내에 많은 문제를 정확히 푸는 능력을 보는 '스피드 게임'이다. 시간을 아끼고 분배하기 위한 문제 풀이 기술이 유독 발달한다. 수학도 개념과 논리를 이해하기보다는 패턴을 분류하고 암기해 푸는 경우가 대부분이다. '킬러 문항'의 변별은 최상위 0.1퍼센트의 이야기일 뿐이다. 수능 응시자 45만 명 중 중간 그룹인 10~20만 명은 킬러 문항이이나 수능 성적으로 변별이 하나도 안 된다.

대한민국은 '성적순'으로 학생을 선발하도록 대입 제도를 촘촘히 규제한다. 그래서 우리나라 대학엔 서열만 있고 특색이 없다. 학생들은 알아서 성적순으로 입학한다. 만약 대학의 선발 자율권을 확대한다면 각 대학도 학생에게 어필할 수 있는 특색을 찾으려고 알아서 스스로 경쟁하지 않을까? 수능 성적보다 중요한 기준이 생기면 수능 비율은 줄고 자연스럽게 자격고사화가 될 것이기 때문이다.

이 상황에서 문제 풀이 기술을 향상시키는 공부는 점점 더 의미가 없어질 것으로 보인다. 달달 외워서 쌓은 지식과 직업은 인공지능에 의해서 가장 먼저 대체될 것이다. 이제 변화하는 시대를 고민해야 할 때이다. 우리는 AI가 사람의 지능을 능가하는 특이점(singularity)이 도래하는 시대를 앞두고 있다. 이는 불, 언어, 전기의 발견을 능가하는 문명사적 사건이다. 인간이 개발한 무언가가 인간의 일자리를 빼앗을 수 있고 지배할 수 있다는 공포를 느끼는 건 인류 역사상 처음 있는 일이다. AI가 하지 못하는 일을 해내는, 창의적 인재 육성이 필요한 때이다.

이러한 시점에서 수학 문제 하나 더 맞고 틀리는 게, 암기 과목을 하나 더 외우는 게 얼마나 큰 의미가 있을까? 이제 아이에게 지식을 가르쳐야 한다는 강박을 버리자. 이는 곧 AI가 대신한다. 이제는 아이들이 직접 생각하고 질문하도록 해야 한다. 카이스트는 학생이 질문하고 해결하는 '질문왕' 제도를 운영한다. 각 교수가 "네가 직접 시험 문제를 만들고 해결해 보라."라고 하거나, 자기만의 질문을 던지고 답을 찾으라는 과제를 준다. 올해 어떤 학생은 "카이스트 연못에 사는 거위는 몇 번이나 사람을 만나야 알아볼까?"라는 질문을 내고 답을 찾으려 했다. 거위가 사람을 하도 못 알아봐서 흐지부지됐지만 아무럼 어떤가? 스스로 답을 찾아가는 과정이 중요하다.

작년에 한 학생은 "자연에서 새로운 종(種)을 찾고 싶다!"라고 하더니 전국 하천을 돌며 민물조개를 수집하고 염기서열을 분석했다. 나는 그 학생에게 총장상을 줬다. 교육부에도 초·중·고마다 '질문왕'을 뽑아 상을 주는 제도를 도입해 보자고 제안했다. 어릴 때부터 질문하는 습관을 길러 주고 격려도 해 주자는 것이다. 성적만 좋다고 칭찬할 일이 아니다. 아이들은 지금보다 공부를 덜 해야 한다. 대신 여러 가지 경험을 해 가며 가슴 뛰는 일을 찾아야 한다. 학생이 하고 싶은 일을 찾아가는 과정을 도와주는 게 결국 교육이고, 부모가 할 일이다.

지금까지는 정해진 답을 빨리 찾아내는 아이가 성적이 우수한 시대를 살았다. 하지만 이 시대는 머지않아 막을 내릴 것으로 보인다. 곧 다가올 미래는 정해진 답 자체가 없는 시대이다. 결국엔 탐구력이 넘치고 창의력 있는 괴짜, 4차원들에게 스포트라이트가 비치는 세상이 될 것이다. AI와 경쟁하며 살게 될 미래에는 엉뚱하고 기발한 생각을 탑재하지 않고서는 AI를 이기지 못한다.

이제 AI 혁명 시대가 온다. 우리가 교육열을 바른 방향으로 발산하면 AI 시대에 다시 한번 도약할 수 있다. 하지만 그 가운데도 수많은 '카더라'는 넘쳐날 것이다. 그 혼선 중에도 부모는 단순히 수학, 영어 100점에 연연해서는 안 된다. 중심을 가지고 AI 시대를 대비한 아이의 다양한 성장을 위해 도와야 할 때이다.

우리 아이들은 옆 친구와 경쟁하며 살기보다 인공지능과 경쟁하며 살 것이다. 인공지능 시대에 당당하게 살 내 아이의 미래를 상상해 보라. 그러면 지금 부모가 해야 할 일이 어느 정도 보이기 시작할 것이다.

지금까지는 정해진 답을 빨리 찾아내는 아이가 성적이 우수한 시대를 살았다. 하지만 이 시대는 머지않아 막을 내릴 것으로 보인다. 곧 다가올 미래는 정해진 답 자체가 없는 시대이다. 결국엔 탐구력이 넘치고 창의력 있는 괴짜, 4차원들에게 스포트라이트가 비치는 세상이 될 것이다. AI와 경쟁하며 살게 될 미래에는 엉뚱하고 기발한 생각을 탑재하지 않고서는 AI를 이기지 못한다.

빈틈 많은 부모가
아이의 창의력을 키운다

solution

이야기를 들어보면 아이에게 의외로 엄격한 잣대를 들이미는 부모들이 많은 듯하다. 아이가 조금만 집안을 어지럽혀 놓아도, 놀이터에서 조금만 위험하게 놀아도, 음식을 먹다가 살짝 흘리기만 해도, 순간 참지 못하고 훈육을 하게 된다는 것이다. 훈육다운 훈육을 하면 그나마 다행이다. 순간 화를 참지 못해 아이에게 욱하고 화를 내거나 짜증을 내는 경우도 다반사이다.

부모도 물론 사람이다. 자신만의 기준과 리듬이 어긋나는 순간, 피로가 쌓이거나 하루 일이 맘처럼 되지 않는 날, 화가 나는 것은 당연한 이치이다. 이런 거 저런 거 다 떠나서 아이를 양육한다는 것은 체력적으로나 심리적으로 에너지 소모가 큰일이다. 언제고 좋은 컨디션으로 아이를 대할 수만은 없는 노릇이다. 하지만 순간을 참지 못하고 아이에게 욱하고 화를 내는 순간, 아이에게 펼쳐질 수많은 가능성들이 사라진다. 나는 이때 부모에게 30초만 잠시 감정을 억누르고 시간을 벌어 보라고 권하고 싶다.

나는 사람의 인생은 30초가 결정한다고 생각한다. 30초는 마음속에서 변화를 일으키는 데 충분한 시간이다. 햇반 하나도 돌리지 못하는 시간에 얼마나 큰 힘이 있느냐고 반문할지도 모르겠다. 하지만 사람의 마음은 순식간에 요동을 치고 움직이므로 30초는 결코 짧은 시간이 아니다. 아이가 내 마음과 다르게 행동할 때, 내 말을 따르지 않을 때, 화를 내기 전에 먼저 30초 동안 심호흡을 해 보자. 그런 후에 아이에게 스스로 어질러진 방을 치울 수 있는 기회를 줄 때, 스스로 힘을 조절해 놀 수 있는 방법을 터득할 수 있는 시간을 줄 때, 떨어뜨린 음식을 주워 담거나 천천히 스스로 먹을 수 있게 기다려 줄 때, 아이의 창의력은 무궁무진하게 자란다.

우리가 직장생활을 할 때를 떠올려 보자. 학교생활도 무관하다. 일하거나 공부를 하면서 아무리 잘하고 싶어도 크고 작은 실수는 피할 수 없었다. 그때 나에게 화내지 않고 한 번 더 기회를 주는 상사나 스승 밑에 있을 때 어땠는가? 자유로이 장기를 뽐내고 더욱 열심히 일과 공부를 할 수 있지 않았던가. 사소한 잘못이나 납득할 수 없는 일에 상사나 스승이 화를 내면 사기가 떨어지고, 열심히 하고 싶은 의욕 또한 사라지는 경험을 누구든 해 보았을 것이다. 우리 아이도 마찬가지이다. 아이에게 한 번 더 기회를 줄 때, 빽빽한 기준과 규칙으로 아이를 옭아매지 않을 때, 아이의 의욕은 더 커지고 창의력은 자란다.

어느 하천 산책길에서였다. 산책하거나, 자전거를 타거나, 조깅하는 사람들 사이로 날씨가 마법을 부려 갑자기 소나기가 쏟아지기 시작했다. 당황한 사람들은 부랴부랴 비를 피하려고 나무나 건물 아래로 들어갔다. 나 또한 그러는 중에, 눈앞에 일곱 살쯤으로 보이는 어린아이가 들어오기 시작했다. 아이는 내리는 비에 온몸을 맡기고 자연의 갑작스러운 변화를 만끽하고 있었다. 비를 피한 우리들은 마치 연극의 한 장면을 보듯이 아이가 온몸으로 비를 맞는 장면을 보게 되었다. 더 인상적인 것은 아이의 부모였다. 아이의 행동에 별다른 제재를 가하지 않고 오히려 함께 비를 맞으며 아이와 기쁨을 나누고 있었다. 그 광경을 지켜보는 어른들의 입에선 '저러면 감기에 걸릴 텐데!', '어른이 아이 말리지도 않고 뭐 하고 있냐?' 따위의 핀잔을 늘어놓았다. 하지만 나는 생각이 달랐다. 까짓거 다른 사람들한테 저런 말쯤 들으면 어떠랴? 남들 눈에는 빈틈 많고 부족한 부모처럼 보이면 또 어떤가? 나는 저런 열려 있는 부모 밑에서 자라는 아이의 미래가 무척 궁금해졌다. 아이는 오늘의 경험을 발판 삼아 미래에 오감이 발달한 작가가 될 수도, 뛰어난 일기예보관이 될 수도 있지 않을까?

또 다른 어느 날이었다. 공원에서 다섯 살 정도 돼 보이는 어린 아이가 엄마와 놀고 있었다. 세상이 궁금한 아이는 엄마에게 질문을 계속했다. 한두 번 시큰둥하게 답을 하던 엄마는 바쁜 표정으로 조용히 좀 하라고 짜증을 냈다. 나는 지금도 가슴 저린 그 광경을 기억한다. 훗날 아인슈타인으로 발전할 싹을 잘라 버린 것이다.

보는 관점에 따라 30초는 하찮은 시간이다. 그러나 마음에 조급증이 일 때, 아이를 구속하고 싶을 때, 혼내고 싶을 때, 제재를 가하고 싶을 때, 딱 30초의 시간을 가져 보자. 나의 판단이나 생각이 정말 올바른 훈육인지, 감정에 휩쓸려 내지르는 배설인지는 그 30초만으로 충분히 판단할 수 있다.

완벽하지 않아도 좋다. 잘하지 않아도 충분하다. 그런 기회를 주는 빈틈 많은 부모 밑에서 우리 아이들은 반짝이며 자라난다.

thinking

나는 사람의 인생은 30초가 결정한다
고 생각한다. 30초는 마음속에서 변화를 일으키는 데 충분한 시간이다. 햇반
하나도 돌리지 못하는 시간에 얼마나 큰 힘이 있느냐고 반문할지도 모르겠다.
하지만 사람의 마음은 순식간에 요동하고 움직이므로 30초는 결코 짧은 시
간이 아니다. 아이가 내 마음과 다르게 행동할 때, 내 말을 따르지 않을 때, 화
를 내기 전에 먼저 30초 동안 심호흡을 해 보자.

이타적인 마음,
자발적인 봉사도 습관이다

solution

상대와 10을 나눠 가져야 한다고 생각해 보자. 대부분 공평하게 5대 5로 나누는 장면을 떠올리기 쉽다. 그러나 상대방에게 6을 주고 자신은 4를 가져야만 공평한 방식이라면 어떻겠는가? 이 무슨 손해 보는 장사냐고 반문할지도 모르겠다. 그러나 이 공식이 내가 정한 인간관계의 룰이다. 그 정도의 비율로 나누어야 상대방은 급기야 공평하게 나누었다고 생각한다. 이해하기 어렵지만, 이게 보통의 현실이다.

만일 상대방에게 호감을 사고 싶다면? 최소한 7은 주어야 한다. 그쯤이면 상대방은 이제 한 6 정도 가졌다고 생각한다. 사람은 모두 자기 중심적으로 생각하기 때문에 내가 조금 손해 보듯이 행동해야 상대방은 공평하다고 여긴다. 이게 내가 어머니로부터 배운 6 대 4 인간관계 계산법이다.

사람은 기본적으로 이기적인 동물이다. 사람은 자기 자신을 보호하고 종족을 지키는 본능을 지니고 태어났다. 그 연장선으로 인간은 자신에게 도움이 되는 존재와 함께하고 싶어 하고 도움이 안 되는 사람은 멀리하고 싶어 한다. 그 사람이 이기적이어서가 아니다. 사람이 타고 난 본성이다. 결국 타인이 자기만 이로운 쪽으로 행동하려는 걸 느끼면 본능적으로 경계를 하게 된다. 중요한 것은 상대방도 나와 마찬가지 생각을 한다는 점이다. 상대방 역시 이로운 사람을 가까이하려고 하고, 도움이 안 되는 사람을 멀리하려고 한다. 그러므로 다른 사람과 잘 지내려면 내 이익만 취할 게 아니라 내가 먼저 상대방에게 도움이 되는 존재가 되어야 한다.

이 방법은 언뜻 손해 보는 일 같다. 이런 계산법으론 호구가 되기 십상이라고 말할지도 모르겠다. 하지만 나는 장담한다. 이 계산법은 멀리 보면 결코 손해가 아니다. 남에게 베풀수록 둘 사이 관계는 어그러지는 일이 없다. 그래서 결국엔 이익을 보게 된다. 그들은 나중에 나에게 어려움이 닥칠 때 선뜻 도움을 주기도 할 것이다. 베풂을 받은 경험을 기억하기 때문이다. 그렇게 미래의 언젠가 내가 혼자서 절대 할 수 없는 일을 그들의 도움으로 이룰지도 모른다. 이전에 나눈 것들이 이자를 붙여 나에게 다시 돌아오는 것이다.

이는 아이의 세계에서도 그대로 적용된다. 냉정한 현실 같아도 콩 한쪽이라도 나눠 먹고, 조금이라도 더 베푼 친구에게 아이들의 마음 또한 가게 마련이다.

6 대 4 계산법에 이어 10년짜리 계산법도 있다. 보통 눈앞에 이익을 취하려 들면 이기적인 사람이라 치부된다. 그런데 지금 눈앞의 이익을 미래로 양보한다면 어떨까? 사람들은 이 상황을 '이타적'이라 부른다. '이기'와 '이타'는 이익을 취하는 시점을 언제로 두느냐로 나뉘는 것이다. 대표적인 예가 기부이다. 당장 내 손에 생긴 돈을 나의 이익을 위하여 쓰지 않고 사회를 위해 기부하면 세상은 그만큼 좋은 방식으로 나에게 되돌려 준다.

어느 신문기사에서였다. 떡볶이 포장마차를 운영 중인 한 여성분이 힘겨운 노동의 대가로 거둔 수익금의 일부를 아동 양육시설에 기부하고 있었다. 어떻게 기부를 하게 되었냐고 물었을 때 그녀의 대답은 아주 간단했다 "그냥…… 그러고 싶었어요." 그녀의 대답에는 그 어떤 포장도 거창한 의미 부여도 없었다. 더 인상 깊은 점은 그녀의 독특한 계산법에 있었다. 손님 대부분은 자기가 먹은 것들을 알아서 셈한 뒤 돈을 놓고 가거나 "이체했어요."라는 말을 남기고 간다는 것이다. 그녀는 먹은 음식과 돈 계산이 맞는지, 이체는 제대로 했는지 확인도 하지 않고 고개를 숙인 채 떡볶이만 열심히 휘젓는다고 했다. 그런 그녀를 보고 사람들은 "아무리 손님을 신뢰한다고 해도 손해가 생길 수 있지 않냐?"라는 궁금증을 가졌다. 기자의 질문에 그녀는 괜찮다고 했다. 종종 계산하지 않고 했다고 하는 사람이 있지만 아무렴 어떻냐는 것이다. 이 얼마 하지 않는 떡볶이를 계산하지 않을 정도면 오죽 힘들었겠냐는 반문을 하면서. 나는 그녀의 배포 넘치는 계산법에 무릎을 치지 않을 수 없었다. '그녀의 미래는 더 반짝반짝 빛나겠구나. 그녀가 베푼 마음 이상을 돌려받겠구나.'

10년짜리 계산법 역시 결코 손해 보는 법이 없다. 이 계산법으로 인간관계에 임하면 무슨 일을 하든 신뢰 관계로 발전한다. 나에게만 좋은 일은 세상에 결코 없다. 나 혼자 할 수 있는 일도 없다. 결국 우리는 같이 살아야 하고 서로에게 도움을 주고받아야 한다. 누군가를 만났을 때 저 사람에게 무엇을 얻을 수 있을까 생각하기 이전에 무엇을 나눌 수 있을까 생각해야 한다. 결국 그것이 돌고 돌아 나를 위한 일이다.

총장에 취임했을 때 나는 하루에 1억 원씩 기부금을 모으겠다고 호언장담했다. 그런 나를 보고 많은 사람이 그저 신임 총장의 치기 어린 행동으로 봤을지도 모르겠다. 그러나 나는 다행히 현재까지 실적을 잘 올리는 중이다. 이 배짱 어린 말을 할 수 있었던 원동력은 무엇이었을까? 아마 10년짜리 계산법 때문은 아니었을까 생각해 본다. 나와 관계를 맺으면 주위 사람들에게 이익을 보게 해 주려 했다. 그리고 무엇보다 신의를 중시하려 노력했다. 그 결과, 기부금은 나와 인연을 맺은 곳, 또는 나에 대한 소문을 들은 곳에서 들어온다. 과거에 나와 맺은 관계들이 고스란히 나에게 돌아오고 있는 것이다.

아이에게 언뜻 손해 보는 것 같은 이 계산법을 이해시키기 위해서는 어떻게 해야 할까? 부모가 솔선수범해야 한다. 가장 좋은 방법 중 하나는 아이와 함께 기부를 하는 일이다. 기부란 돈 많은 사람들이 큰 돈으로 쾌척하는 선의만은 아니다. 작은 마음이 십시일반 모여 어려운 이들에게 도움이 된다. 이 기부가 미래의 내 아이가 살아갈 세상에 다시 되돌아온다는 믿음으로 베풀면 내 아이에게도 선한 영향력을 미치게 된다.

나는 나의 어여쁜 손녀들이 모두 성공적인 삶을 살기를 희망한다. 그러기 위해 지금 내가 해 줄 수 있는 지원은 기부하는 습관을 길러 주는 것이다. 나의 아들딸이 어렸을 때, 나는 아이들 이름으로 어린이재단에 기부금을 약정하고 매달 돈을 넣었다. 그리고 아이들이 중학생이 되었을 때 본인들에게 넘겨주었다. 마찬가지로 손녀들에게도 돌 선물로 기부금 가입증을 주었다. 10세까지는 할아버지가 낼 테니 그 이후에는 본인들이 내라고 했다. 올해 10세가 된 큰 손녀는 용돈을 받으면 기부금 통장에 입금한다. 이런 기부 습관이 성공을 위한 좋은 유산이 될 것이라 믿는다.

비단 기부뿐만이 아니다. 6 대 4 계산법이나, 10년짜리 계산법으로 인간관계를 맺어 나가는 방법을 알려 주면 우리 아이에게 커다란 미래의 재산이 될 것이 분명하다. 기억하자. 모든 건 베풀수록 돌아오게 마련이다.

thinking

아이에게 언뜻 손해 보는 것 같은 이 계
산법을 이해시키기 위해서는 어떻게 해야 할까? 부모가 솔선수범해야 한다.
가장 좋은 방법 중 하나는 아이와 함께 기부를 하는 일이다. 기부란 돈 많은 사
람들이 큰 돈으로 쾌척하는 선의만은 아니다. 작은 마음이 십시일반 모여 어려
운 이들에게 도움이 된다. 이 기부가 미래의 내 아이가 살아갈 세상에 다시 되
돌아온다는 믿음으로 베풀면 내 아이에게도 선한 영향력을 미치게 된다.

긍정적인 아이 주위에는
늘 조력자들이 넘친다

solution

카이스트 교무처장을 1년쯤 했을 때였다. 남다르게 생각하는 괴짜 교수는 어디 가고 무슨 일에서건 목을 뒤로 빳빳하게 젖히고 매사에 안 된다고 부정적으로 말하는 나를 발견했다. 학교 시스템과 규율에 얽매여 나는 웬만한 사람들에게 "그건 안 됩니다."라고 말하는 사람이 되어 있었다. 문득 위기감이 몰려 왔다. 오늘도, 내 일도 안 된다고 말할 것을 생각하니 눈 앞이 캄캄했다. 이 위기에서 벗어나려면 어떻게 해야 할까? 어떻게 태도를 바꾸어야 목에 힘을 빼고 상대방의 입장을 헤아릴 수 있을까? 세상을 다른 관점으로 봐야 할 것 같은데, 그 방법으로 무엇이 있을까?

우연히 내 눈에 거울이 들어왔다. 거울은 내 모습을 완벽하게 보여 주지 않았다. 거울은 좌우를 바꿔서 나를 비추고 있었다. 거울은 좌우를 바꾸는데, 상하를 바꿔서 보여 주는 건 왜 없을까? 우리가 좌우가 바뀐 거울에 익숙해진 것처럼 상하를 바꿔 보여 주는 게 있다면 그것에도 익숙해지지 않을까? 이렇듯 익숙해진 것들을 낯설게 하기 시작하면 나의 굳어 가는 생각도 바뀌지 않을까?

며칠 동안 이 생각이 나를 떠나지 않았다. 사무실을 둘러보니 텔레비전이 눈에 들어왔다. 저 텔레비전을 옆으로 놓아 볼까? 텔레비전을 옆으로 돌려 놓았더니 사람이 옆으로 누워서 나왔다. 뭔가 부족했다. 나는 한 번 더 돌려서 완전히 뒤집어 놓았다. 텔레비전 속 모든 게 뒤집혀 보였다. 하루에 10분 이상은 봐야 익숙해질 거 같아 되도록 긴 시간을 켜 놓으려 노력했다. 이렇게 뒤집힌 세상을 계속 보기 시작하면 나의 사고도 그만큼 유연해지지 않을까? 부정적인 생각도 긍정적인 생각으로 변화하지 않을까?

그렇게 텔레비전을 거꾸로 본 지 15여 년이 되었다. 이제 나에겐 좌우 뒤바뀐 거울을 보는 것만큼이나 거꾸로된 텔레비전을 보는 게 익숙하다. 심지어 빠르게 지나가는 자막도 놓치지 않는다. 그러면 사람들은 기대를 하며 물어본다. 여기에 특별한 비결이라도 있는 거냐고. 하지만 그런 건 없다. 그저 부정적인 것을 경계하려고 텔레비전을 거꾸로 보기 시작했고, 그 과정에서 나의 뻣뻣해진 목을 고쳤을 뿐이다. 그렇게 내 뻣뻣해진 목을 고치고 긍정적으로 생각하려고 노력함으로써 나에게 달라진 것은 무엇일까? 바로 주위에 나를 돕는 조력자들이 생기기 시작했다는 것이다.

부정적인 사람은 작은 어려움에도 걱정을 앞세운다. 현실에 안주하거나 회피하려는 태도를 보이기도 한다. 물론 살면서 어려움을 겪지 않는 사람은 없다. 우리 아이들이 살아갈 미래는 불확실하고 불안한 사회일 것이다. 이때 자라날 우리 아이들에게 필요한 것은 긍정의 회로이다. 긍정적으로 생각하고, 변화하려는 습관이 있으면 살면서 찾아오는 위기에 좌절하지 않고 새로운 방도를 찾아 개척해 나갈 수 있다.

그렇다면 우리 아이의 긍정 회로를 활성화시켜 주려면 어떻게 해야 할까? 굳이 나처럼 텔레비전을 거꾸로 할 필요까진 없다. 가장 쉽고 효과적인 방법은 언어 습관을 바꾸는 것이다. 긍정적인 언어 습관을 통해 부정적인 생각을 밀어내고 긍정적인 사고로 채울 수 있다. 대개 생각의 결과가 '말'이라 여기기 쉬운데, 반대로 말이 생각과 마음을 이끌기도 한다. 즉 '말하는 대로' 움직일 수 있다는 의미이다.

주변에 보면 늘 운이 따르고 귀인들이 넘치는 사람이 있다. 흔히 그런 운이란 하늘에서 뚝 떨어지는 선물로 여기기 쉽지만, 결국 그런 운 또한 스스로 만들어 가는 것이다. 운이 따르는 사람을 보면 대개 긍정적인 사고를 한다. 뇌 속에 긍정 회로가 잘 형성되어 있어서 언제나 밝은 얼굴로 세상을 살아간다. 긍정적인 생각으로 사심 없이 타인에게 베푼 선의는 어떻게 해서든 자신에게 되돌아오는 법이다.

우리 아이가 긍정적인 사고방식을 지닌 사람으로 자라나길 바란다면 당장 아이를 대하는 부모의 언어부터 바꾸어 보자. 오늘 아침 당장 말을 듣지 않는 아이로 인해 짜증이 몰아치더라도, 그 짜증을 발산하기보다 긍정적인 사고로 바꾸어 좋은 말을 아이에게 돌려주는 것이다. 혹시 자기도 모르는 새 습관적으로 내뱉는 부정적인 말투가 있다면 의식적으로라도 삼가려는 노력을 해야 한다. 말투를 바꾼다는 건 말하는 모양새뿐 아니라 생각과 태도까지 바꾸는 것이다. 나의 긍정적인 생각과 말이 우리 아이를 긍정적인 아이로 만들 수 있다.

"낙관주의는 성공으로 인도하는 믿음이다. 희망과 자신감이 없으면 아무것도 이루어질 수 없다."라고 헬렌 켈러는 말했다. 즉 희망이란 미래에 대한 스스로의 신념에 다름 아니다. 미래에 대한 긍정적인 인식으로 우리의 현재는 변한다. 그리고 변화된 현재를 통해 우리 아이의 미래 또한 밝게 변할 것이다.

thinking

우리 아이의 긍정 회로를 활성화시켜

주려면 어떻게 해야 할까? 가장 쉽고 효과적인 방법은 언어 습관을 바꾸는 것

이다. 긍정적인 언어 습관을 통해 부정적인 생각을 밀어내고, 긍정적인 사고

로 채울 수 있다. 대개 생각의 결과가 '말'이라 여기기 쉬운데, 반대로 말이 생

각과 마음을 이끌기도 한다. 즉 '말하는 대로' 움직일 수 있다는 의미이다.

아이돌 기획사가 춤·노래만큼
중요시하는 건 인성교육이다

solution

초등학생의 장래희망은 시대의 사회상을 반영하는 지표라 할 수 있다. 30~40년 전 초등학생의 대표적 장래희망이었던 대통령은 오늘날 초등학생의 장래희망 순위에서 찾아보기 힘들다.

전교조가 초등학교 4~6학년 1090명을 상대로 실시한 설문조사 결과, 미래에 하고 싶은 직업으로 유튜버(18.9퍼센트), 운동선수(16.2퍼센트), 선생님(12.8퍼센트), 연예인(11.9퍼센트), 프로게이머(11.7퍼센트), 의사(11.6퍼센트), 요리사(11.2퍼센트), 제빵사(11.1퍼센트), 가수(9.0퍼센트) 등의 순으로 나타났다. 미디어를 통해 세상에 자신을 알리는 직업으로 카테고리를 묶으면, 총 39.8퍼센트(유튜버, 연예인, 가수를 합한 총합)가 아이들의 장래희망을 차지하는 것을 알 수 있다.

이런 설문조사를 통하지 않더라도 주변에 아이돌 등이 꿈인 아이들은 넘쳐난다. 화려하고 아름다운 외모를 무기로 훌륭한 퍼포먼스를 선보이는 아이돌에 경도된 아이들이 우려되는 건 자칫 중요한 핵심을 놓치고 겉모습만을 좇게 될까 우려가 되어서이다. 한 중학교 2학년 여자아이가 오로지 연예인이 되고 싶은 마음에 음식을 거부해 어려움을 겪는 사례가 뉴스에 등장하는 등 그 문제는 심각하다.

이렇듯 아이돌의 행보나 모습 등은 그 자체로 한참 자라나는 아이들에게 커다란 영향을 미친다. 이 가운데 아이돌의 인성교육 문제 또한 대두되고 있다. 한국콘텐츠진흥원 관계자는 "아이돌의 인성은 개인의 문제로 끝나지 않고, 대중, 특히 또래 청소년, 아이들에게 지대한 영향을 미친다는 점에서 매우 중요하다."라고 강조한 바 있다.

오래전부터 가요계에서 인성교육의 성지로 불리는 JYP엔터테인먼트에서는 연습생을 교육할 때 진실, 성실, 겸손을 강조한다. 인성교육, 성교육 등을 비롯해 역사, 상식 등 유명인, 방송인으로서 가져야 할 태도와 마인드를 함양하는 다양한 교육 시간을 제공한다. 아무리 흥행성, 잠재력이 뛰어나더라도 인성, 사생활에 문제가 생기면 과감하게 계약을 해지하는 것도 JYP의 특징이다. 방탄소년단의 소속사인 하이브는 연습생 육성을 담당하는 팀을 두고 기본적인 역량 교육은 물론 기후환경, 성인지, 다문화, 자기주도성 등 인문 교양 프로그램을 제공하고 있다고 한다.

굴지의 내로라하는 기획사들이 이러한 움직임을 보이는 이유는 그렇게 해야 성공적인 활동을 할 수 있기 때문이다. 무엇보다 미래 사회에서 요구하는 인재가 바로 바른 인성을 지닌 사람이다.

인공지능, 빅데이터 등 기술이 발전하는 미래 사회로 갈수록 인성은 더더욱 인간만이 가질 수 있는 고유 능력이다. 갈수록 악화되는 사회문제나 기후 변화로 인해 공동체를 위한 자질로 인성이 더욱 더 강조될 전망이다.

코로나19 팬데믹이 극복되고 대면 수업이 재개됨에 따라 백팩 매출이 500퍼센트 증가했다고 한다. 문제는 100만 원 넘는 어린이 패딩이나 책가방이 줄줄이 품절 현상을 겪었다는 점이다. 형제자매가 없는 외동이라 비싼 브랜드를 사도 비교적 경제적 부담이 덜하고, 친구들 사이에서 우리 아이가 기죽을까 싶어 더 좋은 물건을 사게 된다는 게 부모들의 전언이다. 하지만 내 생각은 좀 다르다. 우리 소중한 아이에게 물려줄 것은 좋은 옷이나 책가방이 아니라 훌륭한 인성이다. 겉으로 보이는 것을 중시하는 엔터테인먼트 회사에서조차 퍼포먼스만큼이나 중요시하는 커리큘럼이 인성교육이라는 점은 중요한 사실을 시사한다. 사실 아이돌 중에서도 인성 문제로 나락을 겪은 경우를 우리는 수없이 봐 왔다.

　자신이 누군지 보면 상대방이 보이고 모두가 보인다. 인성교육은 자신을 먼저 살펴보는 일이다. 요즘 교육현장에서는 파열음이 끊이지 않는다. 모두 내 아이가 소중하고 눈에 넣어도 아프지 않지만 그만큼 중요시 여겨야 하는 것이 인성교육이다. 세상이 급변하면서 아이들이 배워야 할 것들이 빠르게 변한다. 그러나 변하지 않는 가치는 인간성이다. 인성교육은 바꾸어 말하면 협동을 잘하도록 가르치는 것이다. 인간 사이의 협동은 수천 년 전에도 필요했고, 현재에도 그렇고, 미래에는 더욱 강조될 것이다. 어릴 적 교육은 아무리 강조해도 부족함이 없다.

thinking

　　　　　　　　　　우리 소중한 아이에게 물려줄 것은 좋은 옷이나 책가방이 아니라 훌륭한 인성이다. 겉으로 보이는 것을 중시하는 엔터테인먼트 회사에서조차 퍼포먼스만큼이나 중요시하는 커리큘럼이 인성 교육이라는 점은 중요한 사실을 시사한다. 사실 아이돌 중에서도 인성 문제로 나락을 겪은 경우를 우리는 수없이 봐 왔다.

1년, 52회로 완성되는 칭찬 일기

칭찬은 여러 번 강조해도 부족함이 없다. 칭찬을 해 주는 실전 방법 중에 내가 만든 '칭찬 일기'라는 활동이 있다. '칭찬 일기'란 매주 1회 아이의 장점을 찾아서 기록하는 것이다.

아이들은 칭찬을 받으면 반복하고, 반복하다 보면 뇌세포 회로가 형성되어 습관이 된다. 습관을 더욱 반복하면 재능으로까지 발전한다. 이것이 바로 1만 시간의 법칙이다. 어떤 일이든지 1만 시간을 연습하면 잘하게 된다. 사람들은 이것을 일컬어 재능이라 부른다. 이 과정의 첫걸음이 바로 부모의 칭찬이다.

하루에 한 번도 아니고, 일주일에 한 번은 부모에게도 특별히 어렵지 않은 일이다. 무엇보다 아이를 칭찬하기 위해 살펴보는 행위 자체가 아이를 존중하고 존경하는 행위이다. 아이를 일주일 동안 성심성의껏 관찰한 뒤 장점을 찾아내 칭찬을 해 보자. 아이는 반드시 다음 주에도 그 행동을 하려고 노력할 것이다. 다시 그것을 칭찬하면 반복의 선순환이 형성되어 아이의 재능이 된다. 매주 한 번이 1년이면 52번이다. 52주, 52회만 쓰면 되는 간단한 일기이다.

이 일기가 쌓이고 쌓여서 미래의 아이에게 소중한 선물이 될 거로 믿어 의심치 않는다.

38주	39주
이번 주 ○○이가 처음으로 어린 동생에게 가장 아끼는 장난감을 양보했다. 지금까지는 절대 함께 하는 법을 몰랐는데 선뜻 양보하는 모습을 보니 어른보다 더 낫다는 생각이 들었다.	학교에서 돌아오자마자 스스로 공부를 하기 시작했다. 자기주도학습은 창의력에 있어 중요한 부분임을 알고 있다. 그래서 나는 아이에게 너무 잘하고 있다며 격려와 칭찬을 아끼지 않았다.

1년, 52회로 완성되는 칭찬 일기

① 이광형 총장의 창의력 수업 실습

칭찬 일기로 선순환 만들기

1. 일주일 동안 아이를 잘 관찰하고, 칭찬할 점을 기록해 보자.

----

2. 아이에게 칭찬 일기를 보여 주며 칭찬을 해 주자.

----

3. 또다시 일주일 동안 아이를 관찰하며 칭찬 일기를 기록해 보자.

----

4. 아이에게 마찬가지로 칭찬 일기를 보여 주며 칭찬을 해 주자.

----

5. 이를 1년, 총 52회 반복해 보자.

Part 3

'가정-학교-사회'는
창의력 연대이다

(사회 편)

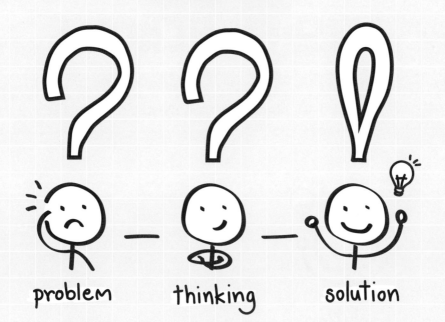

problem — thinking — solution

도대체
코딩이 뭐길래?

solution

애플 CEO 팀 쿡은 2017년 프랑스를 방문했을 때 한 인터뷰에서 영어보다 코딩을 배우는 것이 더 중요하다고 말했다. 마이크로소프트 창업자 빌 게이츠, 아마존 창업자 제프 베이조스, 전 구글 회장 에릭 슈미트, 메타 CEO 마크 저커버그 역시 "미국 내 모든 유치원과 초·중·고에서 코딩 교육을 강화해야 한다."라고 목소리를 높이고 있다.

"세상이 변하는 속도는 오늘이 가장 느리다."라는 말이 나올 만큼 세상은 빠르게 변하고 있다. 그 가운데 세계 굴지의 내로라하는 IT업계 대표들은 왜 소리 높여 '코딩'을 외치는 걸까?

시대의 흐름에 발맞추기에 앞서 당장 코딩이 뭔지 이해하기 어려운 부모도 상당할 것으로 생각된다. 전혀 이상한 일이 아니다. 컴퓨터 정보처리기사 자격증을 따려고 방과 후 활동을 하던 시대를 지나온 부모 입장에서는 코딩이 낯선 단어임에 분명하다. 시대는 하루가 다르게 변해 가는데, 그에 맞춰 우리 아이도 뒤처지지 않게 가르치고 싶은데, 세상 사람들이 코딩을 외치니 뭔가 나도 해야 할 것 같은데, 도대체 어디에 기준을 두고 무엇을 얼마만큼 가르쳐야 하는지 혼란스럽기만 하다.

코딩이란 사전적으로 "정보·통신 작업의 흐름에 따라 프로그램 언어의 명령문을 써서 프로그램을 작성하는 일"을 말한다. 나는 코딩이란 '미래의 새로운 언어'라고 정의하고 싶다. 즉 코딩은 '디지털 시대 제2의 영어'인 셈이다. 영어가 글로벌시대 인재가 되기 위한 핵심 역량이라면, 코딩은 새로운 미래에 꼭 필요한 삶의 기술이다.

우리는 외국 사람과 소통하기 위해서 영어를 비롯해 다양한 언어를 배운다. 다른 나라 언어를 안다는 것은 단순히 그들의 언어를 구사하는 데서 그치는 것이 아니라 그들의 사고체계 및 문화방식을 이해하는 과정이다. 즉 우리 아이에게 영어를 비롯한 다른 언어를 가르친다는 건 세계화에 발맞춤 해 주기 위한 일이다. 우리가 코딩을 배우는 것 역시 미래에 통용될 언어, 즉 미래의 문화를 배우는 것에 다름 아니다. 미래에는 코딩이 지구상 70억 인구가 자신을 표현하는 데 영어만큼이나, 혹은 그 이상으로 더 좋은 언어가

돼 줄 전망이기 때문이다.

그렇다면 코딩과 프로그램 사이에는 과연 어떤 상관관계가 있는 것일까?

코딩	알고리즘	프로그램
=	=	=
언어	스토리	문학(저작권)
	이용자	

코딩은 컴퓨터의 기본 언어이다. 우리가 한글 가나다라를 배우듯 코딩은 컴퓨터의 언어를 습득하는 일이다. 우리는 단순히 가나다라를 배우는 데서 그치지 않는다. 그 가나다라를 조합하여 새로운 문장을 만들어 낸다. 그 문장을 가지고 좋은 스토리를 만드는 과정을 알고리즘이라고 보면 된다. 프로그램은 알고리즘에서 한발더 나아간다. 스토리에 아름다운 배경, 맥락, 상상력, 감정, 가치관

등을 덧붙여 문학을 만든다면 그것이 바로 프로그램이라고 할 수 있다. 다시 말해, 코딩은 국어학 개념이다. 정확한 답이 있다. 누구나 같은 정보를 배우고, 그 배움에 있어 차이는 없다. 그 반면 프로그램은 문학 개념이기에 정확한 답이 있는 게 아니라 창조하는 것이다. 프로그램은 개발자에 따라 답이 다르다. 어떤 시스템을 만든다고 할 때, 만드는 사람에 따라 동일한 코딩을 써도 다른 답이 나온다. 즉 코딩은 저작권이 없는 절대적 지식에 가깝다면, 프로그램은 저작권이 있는 주관적 지식이라 할 수 있다.

우리 아이가 코딩과 알고리즘, 프로그램 중에서 어디에 관심을 가질지는 모르지만, 그 선택을 할 수 있기 위해서는 코딩이 필수인 셈이다.

즉 코딩은 미래 AI 시대를 대비한 기초 중에 기초 교육이라고 할 수 있다.

thinking

우리는 외국 사람과 소통하기 위해서 영어를 비롯해 다양한 언어를 배운다. 다른 나라 언어를 안다는 것은 단순히 그들의 언어를 구사하는 데서 그치는 것이 아니라 그들의 사고체계 및 문화방식을 이해하는 과정이다. 즉 우리 아이에게 영어를 비롯한 다른 언어를 가르친다는 건 세계화에 발맞춤 해 주기 위한 일이다. 우리가 코딩을 배우는 것 역시 단순히 코딩 언어를 이해하는 것만이 아니라 미래에 통용될 언어, 즉 미래의 문화를 배우는 것에 다름 아니다.

코딩과 우리 아이의
미래 일자리

solution

미국의 디지털 교육 개편은 2019년부터 본격화됐고, 주 정부마다 차이가 있지만 초·중학교를 합쳐 정보교육 시수가 200시간이 넘는다. AI 패권을 두고 미국과 경쟁하는 중국은 2017년 일찌감치 AI 시대 준비에 들어갔다. 중국의 학제는 9년 의무교육과 3년 고등교육 과정으로 나뉘는데, 초등학교에서만 통상 68시간 이상, 초·중·고 전체로 200시간 이상 컴퓨터 과목을 가르친다. 2025년부터 적용되는 우리나라 교육과정에서는 초·중·고의 시수가 2배 늘어날 예정이다. 이렇듯 전 세계적으로 왜 이렇게 컴퓨터 정보 교육에 열을 올리는 것일까?

미래 시대의 화두는 AI이다. 그러므로 국가 차원으로 이에 따른 기초 교육을 쌓지 않으면 궁극적으로 미래에 사용하게 될 다양한 AI 프로그램을 외국에 인센티브를 내고 사다 써야 하는 상황을 맞이하게 된다. 그 말인즉슨, 국내에서 자체적으로 개발할 수 있는 인프라가 부족해 해외에 저작권을 지불해야 하는 상황이 온다는 말이다.

이는 단순히 비용을 지불하는 문제를 의미하는 것만이 아니다. 제품을 만들 때는 만드는 이의 사상이 제품에 스며들게 마련이다. 즉 프로그램을 사다 쓴다는 것은 단순히 물건을 이용하는 것 이상으로 그 나라 사상의 지배를 받는다는 의미이다. 이는 곧 문화와도 직결되어 있다. 예를 들어, 우리가 할리우드 영화를 볼 때 그 사람들이 만든 미국 중심 세계관을 우리도 모르는 새 습득하게 된다. 지구 종말이 와도, 외계인이 침공해도, 미국인들끼리 모여 해결하는 '그들만의 세상' 스토리를 따라갈 수밖에 없다. 처음에는 의아하게 생각될지 모른다. "저건 가상일 뿐이야!" 하고 믿지 않으려 하기도 할 것이다. 그러나 그런 경험이 하나둘 쌓이게 되면 우리도 모르는 새 위기가 닥칠 때 미국인들이 해결한다는 메시지가 생각 속에 각인된다. 최근 넷플릭스 〈오징어게임〉이나 영화 〈기생충〉 등 한국 콘텐츠가 각광을 받는 사실에 우리가 크게 기뻐해야 하는 이유가 거기에 있다.

결국 우리가 스스로 자립하려면 국가적으로 AI를 잘하는 사람을 길러 내는 수밖에 없다. 당연하게도 AI는 곧 미래의 엄청난 직업 혁명을 불러올 것이다. 미래에는 운전자, 농부, 출판 관련자, 계산원 등 현재 직업의 47퍼센트가 사라진다고 한다. 그만큼 AI로 인하여 수많은 직업이 줄어든다고 우려하는 목소리도 크다. 하지만 마찬가지로 AI를 통하여 유전자 프로그래머, 식품 엔지니어, 바이오 엔지니어, 브레인 트레이너, 날씨 조절 관리자, 자연 보존 학자 등 많은 직업이 생길 것으로 보인다. AI를 만드는 직업, AI를 활용한 직업은 계속해서 늘어나기 때문이다. 더 정확하게 말하자면, AI 선진국은 일자리가 늘어나고, AI 후진국은 일자리가 줄어들 것이다. 그러므로 국가 차원에서 학교 교육을 비롯한 평생교육을 늘려 나가야 하는 것은 자명한 일이다.

휴대전화의 발전으로 한때 수많은 이들의 직업이 사라졌다. 카메라, 녹음기, 공중전화, 비디오카메라, 내비게이션 등이 사양산업이 되면서 수십만 명이 일자리를 잃었다. 그러나 한편으로 휴대전화와 관련한 일자리는 많이 늘었다. 우리나라는 휴대전화와 관련한 반도체, 디스플레이, 제조 산업을 일으켜 오늘날 번영을 누리고 있다.

마찬가지로 AI 때문에 없어질 직업은 수도 없이 많을 것이다. 하지만 AI로 인하여 새로이 생성될 일자리는 무궁무진할 것으로 보인다. 그러니 직업이 사라진다는 사실을 비관적으로만 받아들이

지 말고 변화의 움직임으로 받아들여야 한다. 우리가 미래를 어떻게 생각하고 맞이하느냐에 따라 일자리가 생기기도 하고 없어지기도 할 것이다.

특히 아이를 키우는 부모라면, 더더욱 걱정스러운 모습으로 미래를 바라볼 수 없다. 미래에 새로 생겨날 직업의 흐름을 타고 우리 아이를 두둥실 태워 보낼 수 있어야 한다. 그러기 위해서는 아이의 기본기를 튼튼하게 만들어 줄 필요가 있다. 세계는 이 책을 읽고 있는 지금도 변하고 있다.

thinking

AI 때문에 없어질 직업은 수도 없이 많을 것이다. 하지만 AI로 인하여 새로이 생성될 일자리는 무궁무진할 것으로 보인다. 그러니 직업이 사라진다는 사실을 비관적으로만 받아들이지 말고 변화의 움직임으로 받아들여야 한다.

미래 사회,
미래 인간의 뇌

solution

2016년 이세돌 9단은 구글이 개발한 AI 프로그램 알파고와의 대국에서 단 한 번 승리를 거두었다. 비록 전체 대국 중 한 경기였지만, 인간이 매 순간 학습하는 인공지능을 상대로 이겼다는 점은 주목할 만한 사건이었다. 그로부터 1년 후 중국에서 세계 바둑계 최강자로 꼽히는 커제 9단이 알파고에게 3전 전패를 당했다. 그 이후 인간이 AI에게 더 이상 이길 수 없다는 명제가 자리 잡기 시작했다. 이는 비단 바둑계뿐만이 아니다. 인공지능이 사회 깊숙이 자리 잡은 지금, 로봇이 다양한 분야에서 발전하고 있다.

2022년 챗GPT가 출현했다. 범용 분야에서 인간 지능을 능가하는 챗GPT는 거대 AI 알고리즘을 통해 데이터 학습으로 스스로 업데이트를 한다. 인간에 대한 AI의 도전이 시작되었다고 해도 과언이 아닌 셈이다.

AI의 등장과 발전으로 미래 사회에서 인간의 역할은 변화될 전망이다. AI가 최적의 안을 제안하면, 인간은 AI의 제안을 바탕으로 의사결정을 하게 된다. 즉 인간은 주체적이기보다는 AI의 제안을 추인하는 역할을 하게 되는 것이다. 물론 마지막 단계에서 인간이 점검하고 최종 승인을 해야 AI의 이용이 실제 적용된다.

　하지만 이런 패턴도 변화할 것이다. 처음에는 인간이 AI가 적절하게 일을 처리했는지 정신을 차려서 볼 것이다. 그러나 몇 년 동안 AI가 일을 잘해 내는 것을 보게 되면, 그다음에는 크게 신경 쓰지 않고 '오케이' 버튼을 누르는 순간도 올 것이다. 예를 들어, 우리는 요즘 운전할 때 내비게이션의 도움을 받는다. 처음에는 내비게이션이 제대로 길을 알려 주는지 확인하면서 운전했다. 내비게이션보다는 내가 경험하면서 쌓은 지식이 더 많다고 믿었기 때문이다. 그러나 실시간 교통상황을 반영한 내비게이션 안내에 대한 신뢰가 쌓이기 시작하면서 지금은 많은 사람이 내비게이션의 안내를 믿고 따르지 않는가.

　이제 우리는 복잡한 길거리 지도를 외우지 않는다. 골치 아프게 전화번호를 외울 필요도 없어졌다. 휴대폰 하나만 있으면 모든 게 해결되기 때문이다.

　이처럼 편안한 생활에 익숙해지면 우리의 뇌는 어떻게 변할까?

우리의 뇌는 약 1000억 개의 뇌세포로 이루어져 있다. 뇌에 있는 뇌세포도 근육에 있는 근육세포처럼 자주 사용하면 발달하고 사용하지 않으면 쇠퇴한다. 사고로 다리를 다친 사람이 한 달 동안 누워 있으면 다리 근육이 눈에 띄게 축소된 것을 볼 수 있다. 우리 신체가 각 부위에 따라서 역할이 다르듯 뇌에서도 각 영역에 따라서 기능이 다르다.

뇌의 앞부분에 있는 전두엽은 주로 사고 작용을 한다. 복잡한 일을 해결하거나 새로운 생각을 하는 곳이 바로 전두엽이다. 우리 삶은 골치 아픈 복잡한 일들의 연속이다. 이 모든 일을 전두엽이 관할한다. 인생의 복잡한 일들을 해결하다 보면, 전두엽이 계속 발달한다. 나이가 들수록 좀 더 지혜로운 의사결정을 하게 되는 것은 바로 이런 전두엽의 발달 때문이다.

관자놀이 부근에는 측두엽이 있다. 이곳은 기억을 관장하는 곳이다. 듣고 본 내용을 여기에 저장한다. 시험을 치르려고 암기하는 내용은 바로 측두엽에 저장된다. 그래서 공부를 할 때는 측두엽 활동이 왕성하다. 그러나 학교를 졸업하고 나서는 측두엽의 발달이 둔화된다. 나이가 들면 기억력이 감소한다고 한다. 실제로 나이가 들면 뇌의 기능 중에서 기억력이 가장 먼저 감소한다.

뇌의 뒤쪽에는 후두엽이 있다. 이곳에서는 눈을 통해서 들어오

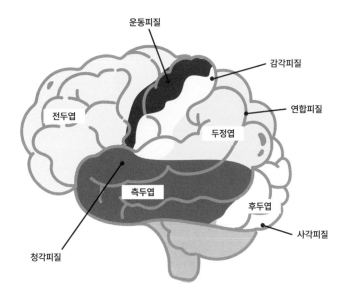

운동피질

감각피질

연합피질

전두엽

두정엽

측두엽

후두엽

사각피질

청각피질

는 시각 정보를 처리한다. 이 부분을 다치게 되면 눈은 정상이더라도 시각 처리 작용을 상실한다. 나이가 들면 템포가 빠른 영화를 이해하지 못하는 일이 종종 있다. 이것은 후두엽의 쇠퇴에서 온 영향이라고 볼 수 있다.

요즘 어린이들은 휴대폰이나 컴퓨터로 많은 영상을 보면서 자란다. 과거 어린이들보다 영상 처리 정보량이 많고 속도 또한 높다. 현재 어린이들은 후두엽이 무척 발달해 있을 것으로 보인다. 그렇다면 30년 후 우리 인간의 뇌는 어떻게 변했을까?

thinking

　　　　　　　우리의 뇌는 약 1000억 개의 뇌세포
로 이루어져 있다. 뇌에 있는 뇌세포도 근육에 있는 근육세포처럼 자주 사용
하면 발달하고 사용하지 않으면 쇠퇴한다. 우리는 사고로 다리를 다친 사람이
한 달 동안 누워 있으면 다리 근육이 눈에 띄게 축소된 것을 보게 된다. 우리
신체가 각 부위에 따라서 역할이 다르듯 뇌에서도 각 영역에 따라서 기능이
다르다.

AI 시대를 대비한
우리 아이 두뇌 교육

solution

이제는 휴대전화 번호나 길거리 지도를 외우지 않는다. 숫자를 주산하거나 암산하는 일도 역사책에서나 볼 수 있는 일이다. 전화를 받고 일정을 관리하는 일은 AI가 해낸다. 변호사나 변리사가 판례를 모아서 분석해 주는 일도 먼 옛날의 일이다. 의사도 환자 개인별 데이터에 의해서 AI가 진단하고 이에 맞는 처방을 해 주면, 그것을 보조하는 역할을 할 뿐이다. 올림픽에서 스포츠 심판은 이제 의미가 없다. 사람의 눈보다 훨씬 더 정확한 AI가 판단을 내려 주기 때문이다.

인간은 더 이상 불편하고 골치 아픈 일은 하지 않는다. 그런 건 대부분 AI의 몫이다. 인간은 아주 편안한 가운데 여유로운 생활을 즐긴다. 30년 후에는 주 3일 또는 주 4일 근무를 하며(혹은 재택이 될지도 모르겠다), 여가를 어떻게 즐길까 하는 것이 주관심사가 되어 있을 가능성이 높다.

문제는 여기에 있다. 그런 생활을 한두 해가 아니라 10년, 20년 거듭하면서 일생을 여유롭고 한가하게 지낸다면 인간의 뇌는 어떻게 변해 있을까?

인간의 뇌는 매우 적응력이 빠르다. 그리고 언제나 편한 길을 선택한다. AI에게 복잡한 일을 시키면 되기 때문에 굳이 힘든 일을 하지 않으려 한다. 자명하게도 미래 사람들의 뇌는 상당히 쇠퇴해 있을 것이다. 복잡한 일을 하지 않는 전두엽은 현재에 비해 작아졌을 가능성이 높다. AI가 지식을 제공해 주기 때문에 굳이 암기하지 않아도 되는 측두엽도 위축되어 있다. 책이나 신문을 읽는 것보다 영상을 통해서 정보를 흡수하는 경향 때문에 언어를 담당하는 부분 또한 위축되고, 영상을 처리하는 후두엽은 발달한다. 아마 미래에는 상당히 둔감한 사람들이 살고 있을 것이다.

이때 대두되는 것은 무엇일까? 바로 창의성이다. 이러한 뇌 수축 경향에도 불구하고 꾸준히 지식을 습득하고 복잡하고 창의적인 일을 처리하는 사람의 뇌는 다를 것으로 보인다. 지식을 AI에만 의지하지 않고, 자신의 뇌 속에 기억하려고 노력하는 사람의 측두엽은 계속 발달할 것이기 때문이다. 새로운 것을 창조하고 남다른 의사결정을 하는 사람의 전두엽 또한 계속해서 발달할 것으로 보인다.

　대표적인 창조 작업이 예술인데, 상당 부분의 예술도 AI가 대신하게 되면 남아 있는 창조 활동으로 무엇이 있을까? 나는 새로운 것을 만들어 내는 연구개발이 되지 않을까 생각한다. 연구개발은 AI가 대신할 수 없고, 국가 경쟁력을 위해서 소홀히 할 수 없는 일이기 때문이다. 그중에서도 특히 AI를 만들고 활용하는 연구가 중요하지 않을까 생각된다. 좋은 AI를 만들기 위해 글로벌하게 경쟁하는 사람의 뇌는 쉴 수 없다. 그래서 뇌가 계속 발달한다. 우리는 뇌가 발달한 사람을 머리가 좋은 사람이라 말하고, 그렇지 않은 사람을 머리가 나쁜 사람이라 말한다.

　이러한 AI 시대에 대비해 우리는 아이들을 어떻게 키워야 할까? 너무 AI에 의존하지 말고, 복잡한 일을 피하지 말아야 한다. 그래야 머리가 좋아져 미래의 리더가 될 수 있다.

　현재 우리나라는 빈부격차가 큰 문젯거리이다. 여기에 덧붙여 미래에는 두뇌격차가 국가적 문젯거리가 될 것으로 보인다. 즉 머리 좋은 사람과 나쁜 사람으로 사회 계급이 갈릴 전망이다. 머리는 타고난다는 말도 다 옛말이다. 머리는 쓰는 자의 것이 될 것이기 때문이다. 이쯤이면 부모들은 아이들이 두뇌 교육을 어떻게 해야 할지 답이 나올 것이다. 두뇌는 사용할수록 발달한다. 그러므로 우리 아이의 두뇌를 다방면으로 활용할 수 있도록 힘써야 한다.

어느새 골치 아픈 일이 귀한 시대가 올지도 모를 일이다. 편한 것만이 답도 아니다. 적당히 어렵고, 힘든 일이 사람에게 힘이 된다는 사실을 잊어서는 안 된다.

thinking

　　　　　미래에는 두뇌격차가 국가적 문젯거리
가 될 것으로 보인다. 즉 머리 좋은 사람과 나쁜 사람으로 사회 계급이 갈릴 전
망이다. 머리는 타고난다는 말도 다 옛말이다. 머리는 쓰는 자의 것이 될 것이
기 때문이다. 이쯤이면 부모들은 아이들이 두뇌 교육을 어떻게 해야 할지 답
이 나올 것이다.

챗GPT로
정보를 습득하는 우리 아이

solution

챗GPT의 열풍이 거세다. 그럴 수밖에 없는 것이 챗GPT가 질문을 분석하여 똘똘하게 답을 주고, 심지어 질문에서 요구하는 그림도 그려 준다. 현재 추세로 보면, AI의 발전과 활용은 더욱 가속될 것으로 보인다. 이처럼 놀라운 속도의 AI 발달에 따라 인간도 많은 변화를 겪을 것으로 예상된다. 교육과 회사의 업무에서 상당 부분 AI의 도움을 받기 시작했다. 이제는 인간의 창의적인 영역까지 AI가 침투해 오고 있다. 챗GPT가 소설을 쓰거나 음악을 작곡하는 일은 이미 놀라운 일이 아니다.

아이들 역시 정보를 습득하거나 숙제를 할 때 챗GPT를 이용하기 시작했다. 숙제를 하려고 도서관에서 책을 빌리고, 신문, 백과사전 등을 이용했던 부모 입장에서 과연 이런 방식으로 아이가 지식을 습득하는 게 올바른지 판단이 잘 서지 않는다. 세상 여기저기서 챗GPT를 이야기하는데, 도대체 어디까지 아이에게 허용하고 어디까지 제재를 가해야 하는지 판단하기란 쉽지 않다.

챗GPT는 2022년 오픈 AI가 개발한 대화 전문 인공지능 챗봇이다. 챗GPT는 공개한 지 5일 만에 하루 이용자가 100만 명을 돌파했고, 출시 2개월 만에 월간 활성 사용자 1억 명을 돌파하며 돌풍을 일으켰다. 지식을 습득하는 데 있어 사람들이 챗GPT를 즐겨 이용하는 이유는 스마트폰으로 오픈 AI 플랫폼에 들어가 채팅을 하듯이 챗봇에 질문을 입력하는 것만으로 최대한 인간과 비슷한 답변을 얻을 수 있기 때문이다. 단순히 정보를 검색해 지식을 전달하는 데서 그치지 않는다. 창의적 아이디어를 내놓거나 코딩 프로그램을 하는 등 간단한 기술적 문제까지 해결한다.

챗GPT가 중요하다고 이야기하는데 사실은 그 본질이 중요하다. 챗GPT는 인기 있는 하나의 프로그램에 불과하다. 그러므로 챗GPT를 맹신하기보다 다른 프로그램을 통해 크로스 체크를 해야 한다. 네비게이션의 경우 안내해 주는 길이 꼭 정답이 아닌 때도 있다. 마찬가지라고 보면 된다. 인공지능 프로그램을 제대로 활용할 수 있어야 한다.

이 챗GPT가 전 세계적으로 '뜨거운 감자'가 된 이유는 교육 분야의 논쟁 때문이다. 챗GPT에게 숙제나 논문 작성 등을 요구하면 막힘없이 술술 써 내려간다. 방대한 데이터를 학습하고 조합하는 챗GPT가 작성한 에세이나 논문은 사람이 작성한 글과 비교해도 차이점이 없다. 그리하여 뉴욕과 시애틀의 공립학교에서는 챗GPT의 접속을 차단하는 조치를 내렸고, 미국 일부 대학에서도 AI를 이용한 논문을 표절로 분류하는 방침을 내리기도 했다.

챗GPT의 큰 특징은 대화를 통해 지식을 업데이트한다는 점이다. 예를 들어, 챗GPT가 답변했을 때 틀렸다고 정정을 시도하면 업데이트를 시켜서 정보를 수정한다. 그렇게 변화하는 지식에 따라 수정하고 발전시킬 수 있다는 게 챗GPT의 장점이다. 하지만 그게 의도성을 가질 때 전혀 다른 국면에 접어든다.

예를 들어, '독도는 우리 땅'이라는 사실에 대해 챗GPT에 물었다고 가정해 보자. 독도는 우리나라 땅이기에 당연히 챗GPT도 한국 땅이라고 답할 것으로 예상하기 쉽다. 그런데 우리나라보다 총인구가 2배 많은 1억 2000만 일본인이 챗GPT에게 독도는 일본땅이라고 업데이트할 경우 결국 챗GPT는 통계적으로 독도는 일본 땅이라고 정보를 수정하게 된다.

결국 어떻게 될까? 상상컨대, 우리는 챗GPT에 제소를 할 것이다. 그러면 챗GPT 측에서 우리에게 물을 것이다. '진실'이란 무엇을 말하느냐? 이는 단순한 팩트의 문제만은 아닌 것이다. 결국 국력, 국제사회 정세 등에 따라 진실이 달라질 수 있다. 즉 챗GPT의 정보 하나가 궁극적으로 정치적인 문제로까지 이르게 된다.

다시 돌아와 챗GPT를 활용해 정보를 습득하는 우리 아이를 생각해 보자. 챗GPT에게 '독도는 우리 땅'이냐고 물었는데, 어떤 때는 일본 땅이라고 하고, 어떤 때는 한국 땅이라고 한다. 이때 아이의 혼란을 어떻게 감당할 수 있겠는가. 아이에게 챗GPT를 사용하지 않게 하라는 말이 아니다.

우리가 세계를 지배하는 것까지 아니더라도, 우리 것을 지키기 위해서라도 AI 개발은 필수이다. 우리 자식에게는 우리 것으로 가르쳐야 한다. 그러므로 국가는 개발자 육성을 할 수밖에 없는 것이다. 미래 AI 세상을 길게 예측해 보면, 미국과 중국이 대부분 시장을 지배할 것으로 보인다. 그러나 동남아와 아랍권은 불확실하다. 나는 한국이 일본, 인도, 아랍권과 연대하여 제3의 AI 세계를 형성할 것을 제안하고 있다. 이른바 '천하3분지계'이다. 한국은 기술이 있고, 패권을 추구하지 않는 나라로 인식되어 있어서 한국 주도의 AI 연대가 가능할 것으로 생각된다. 미래는 문화, 국가의 정체성도 AI에 의해 영향을 받는 시대가 온다. 이것이 우리 고유의 AI가 있어야 하는 이유이다.

thinking

코딩, 챗GPT가 중요하다고 이야기는 하는데, 사실은 그 본질이 중요하다. 챗GPT는 인기 있는 하나의 프로그램에 불과하다. 그러므로 챗GPT를 맹신하기 보다 다른 프로그램을 통해 크로스 체크를 해야 한다.

AI 시대에서
아이 주체적으로 키우기

solution

AI의 비약적 발전이 산업 및 생활 전반에 크고 작은 변화를 일으키고 있다. 인간이 해 왔던 많은 일을 AI가 대신하며 편리함이 증가했다는 긍정적인 의견도 있지만, AI가 인간 영역을 과도하게 침범한다는 우려도 제기된다.

미국 콜로라도 주립 박람회 미술대회에서는 인공지능 때문에 한바탕 소동이 일어났다. 한 참가자가 인공지능 그림 생성 도구 '미드저니'로 만든 그림을 미술 대회에 등록했는데, 이 작품이 디지털 아트 부문 1등 상을 받은 것이다. 인공지능은 그림뿐만 아니라 사진도 창작한다. 사진 업계에서도 인공지능이 만든 사진을 인정해야 한다는 의견과 이를 금지해야 한다는 의견이 맞선다.

나는 미래를 만들어 가는 요소를 일곱 가지로 정리한다. 바로 사회(Society), 기술(Technology), 환경(Environment), 인구

(Population), 정치(Politics), 경제(Economy), 자원(Resource)이다. 이 앞글자를 따서 미래 변화 7대 요소를 'STEPPER'로 부른다. 이 7대 요소를 다시 정리하면 '기술'과 '인간'이 된다. 'STEPPER' 중에서 사회, 환경, 인구, 정치, 경제, 자원이 인간의 활동으로 결정되기 때문이다. 현대 사회에서는 기술을 빼놓고 미래를 이야기할 수 없다. 하지만 무엇보다 인간의 본질을 아는 것이 중요하다. 그 기술을 활용하는 것도 결국 인간이기 때문이다.

세계적인 미래학자이자 AI 전문가인 레이 커즈와일은 2029년 AI가 개별 인간의 지적 수준을 넘어설 것이고, 2045년에는 컴퓨터가 인간 지능의 총합을 넘어서는 특이점에 도달할 것으로 예상했다. 이런 상황을 두고 많은 이들이 인간이 가진 고유한 능력이 사라질 것으로 미래를 전망한다. 삶의 주도권을 AI에게 내주게 되지 않을까 하는 우려에서이다. 이미 수많은 영화에서 AI에게 주권을 빼앗겨 전락하고 마는 미래의 모습을 그리기도 한다. 하지만 나는 생각이 다르다. 인간은 AI를 통제하는 기술을 개발해 낼 것이다. 즉 인류 문명의 주도권은 인간이 계속 가지게 될 것이란 말이다.

인간다움 또한 더 중요해질 것으로 생각한다. 아무리 차원 높은 기능을 탑재해도 AI를 활용하는 것은 결국 인간이기 때문이다. 가장 중요한 결정과 선택은 결국 인간의 영역일 수밖에 없다. 따라서 AI 시대에는 우리 아이가 남이 정한 미래 아래 조연으로 살아가지 않고, 스스로 원하는 미래를 만들어 나가며 삶을 주도적으로 이끌어 가는 능력을 길러 주어야 한다.

AI 열풍으로 전 세계가 인공지능을 연구하는 요즘, 나는 10~20년 후 AI가 일상화된 세상에서 과연 인간이 주체적으로 할 수 있는 것으로 무엇이 있을까 생각한다. 기존 연구를 따라 해서는 결국 AI로 인한 기술 변화에 적응하는 데 급급하게 될 것이기 때문이다. '포스트 AI 연구소'라는 이름 아래, 감성 AI, 뇌 기계, 편집된 DNA 등 여러 가지 주제를 구상 중에 있는데, 이 모든 것은 결국 AI와 공존하는 삶을 인간이 주도적으로 이끄는 데 목적이 있다.

스티브 잡스는 컴퓨터를 '마음의 자전거'라고 표현했다. 1981년 미국 ABC 인터뷰에서 개인용 컴퓨터가 무엇이라고 생각하느냐는 질문에 그는 답했다. "우리는 인간이 스스로 잠재력을 넓히고 창의적인 일을 할 수 있도록 번거롭고 수고스러운 일을 대신할 수 있는 21세기의 자전거를 만들고 있습니다."

컴퓨터라는 획기적인 문명 덕에 인간의 사고 속도는 유례없이 빨라졌는데, 왜 이를 자전거에 비유했을까? 자전거는 여타 운송수단과 달리 사람이 직접 두 발을 움직여야 작동하는 구조를 갖추었다. 인공지능도 다르지 않다. 인간의 주도적인 생각이 없으면 별반 도움이 되지 않는 도구에 그칠 수 있다. 나를 대체할지 모를 위협적인 존재, 어쩔 수 없이 적응해야 할 과제로 받아들이는 건 현명하지 못하다. 어떻게 이를 주도적으로 내 삶에 끌어올지 고민하는 태도가 필요하다. 미래의 주인공은 기계가 아닌 우리 아이들이다.

물론 주도적으로 생각하고 행동하기란 쉬운 일은 아니다. 인간이란 본디 이성보단 본능에 따라 움직이기 때문이다. 자신을 돌아보고 생각을 점검하기도 전에 감정에 앞서 후회할 결정을 내리기도 한다. 그래서 나는 누구를 대하든, 무슨 일을 결정하든 그에 앞서 30초만 멈춰서 생각해 보려고 노력한다. 그 짧은 순간, 소용돌이치는 감정에서 벗어나 생각에 잠겨 보는 것이다. 그렇게 30초의 시간을 가지고 다시 보면 문제의 본질이 새로이 눈에 들어온다. '지금 이 순간 가장 중요한 것이 무엇인가?', '나는 어떠한 가치를 따라 움직여야 하는가?'

더도 덜도 말고 아이에게 이 세 가지를 가르치면 된다. 'STOP, THINK, CHOOSE(멈춤, 생각, 선택)' 이 멈춤과 생각과 선택의 시간 속에서 주도성이 발휘된다. 상황을 총체적으로 파악하면서 후회하지 않을 판단을 내릴 수 있다. 이것이 궁극으로 내가 추구하는 삶이다. 스스로 결정하는 작은 선택들이 모여 인생의 방향이 주도적으로 결정된다.

thinking

인간다움 또한 더 중요해질 것으로 생각한다. 아무리 차원 높은 기능을 탑재해도 AI를 활용하는 것은 결국 인간이기 때문이다. 가장 중요한 결정과 선택은 결국 인간의 영역일 수밖에 없다. 따라서 AI 시대에는 우리 아이가 남이 정한 미래 아래 조연으로 살아가지 않고, 스스로 원하는 미래를 만들어 나가며 삶을 주도적으로 이끌어 가는 능력을 길러 주어야 한다.

미래에서 온
선생님

solution

카이스트 캠퍼스 연못에는 거위와 오리가 항상 유유히 헤엄을 치고 다닌다. 차도를 가로지르며 엄마 거위가 새끼 거위를 데리고 갈 때면 차들이 일렬로 서서 그들이 길을 모두 건널 때까지 기다린다. 거위가 건너는 횡단보도라는 교통 표시판도 붙어 있다.

나는 2001년부터 거위와 오리를 카이스트 캠퍼스에서 기르기 시작했다. 캠퍼스도 크고 연못도 넓은데, 이곳에 움직이는 생명체가 하나쯤 있으면 좋겠다는 생각이 들었다. 인근 시장에서 오리 새끼들을 데려왔다. 그러나 오리는 너무 작았다. 문득 어렸을 때 집에서 거위를 키웠던 기억이 떠올랐다. 나는 거위도 사다가 연못에 풀어놓았다. 오리와 거위는 봄, 여름, 가을에는 풀을 먹고 살고, 겨울에는 따로 먹이를 주어야 했다. 먹이를 주는 것도 나름의 즐거움이었다. 그렇게 처음에는 나 혼자 즐겁자고 거위를 기르기 시작했다.

그런데 어느샌가부터 공부에 지친 학생들이 나와 거위에게 먹이를 주기 시작했다. 주말이면 어린이들이 과자를 사들고 와서 거위에게 나누어 주며 즐거워했다. 이렇듯 거위와 오리는 20년이 흐른 지금까지 학교의 귀염둥이이자 마스코트로 사랑받고 있다. 거위는 어느새 카이스트에서 서열이 가장 높은 존재로 자리매김했다.

나의 엉뚱한 행보는 여기서 그치지 않았다.

"학생들의 가장 큰 문제는 공부를 너무 많이 한다는 겁니다."

나는 총장 취임식에서 이런 말을 던져 사람들을 의아하게 만들었다. 당연히 공부가 중요하지 않다는 뜻은 아니다. 학생들에게 공부는 필요하고, 일단 열심히 하기로 마음 먹었다면 최선을 다하는게 맞다. 문제는 학생들이 오로지 공부에만 너무 열심히 몰두한다는 데 있다. 책상에 앉아 공부만 하느라 정작 중요한 것을 놓쳐서는 안 된다는 것을 학생들에게 알려 주고 싶었다.

세상은 변했다. 공부만 잘하면 개천에서 용 난다는 것도 다 옛말이다. 성적 1등만으로 인재를 가리던 세상은 지나갔다. 세상은 훨씬 더 다양한 분야의 인재를 원한다. 그러기 위해서는 일정한 선안으로 들어가야 한다는 획일적인 가치관과 교육으로는 불가능하다. 우리 아이가 큰 사람으로 성장하려면 인성과 리더십, 창의력 등을 갖추어야 하는데, 이는 획일적인 교육 안에서 이루어 낼 수만은 없다. 이것이 내가 미래를 내다보는 괴짜 선생님이 되고자 하는 이유이다.

나는 공부만 하는 아이들을 세상 밖으로 불러내기 위해 노력해왔다. 그래서 2019년부터 학내 버스킹을 시작했다. 카이스트는 매주 한 번 씩 교내 강당에서 음악회를 개최한다. 시간을 따로 내서 찾아가는 음악회도 좋지만, 우연히 거리를 걷다가, 밥을 먹고 나오다가, 공부를 하다가 거리에서 나오는 음악을 저절로 듣는 기쁨도 중요하다. 그렇게 교내 음악 동아리를 뒤져 보았더니 수십 개가 나왔다. 나는 학생생활처에 요청해서 학생들이 노래하고 싶을 때 공연을 하라고 앰프와 마이크를 제공했다. 학생들은 자기들끼리 규칙을 정해 월요일은 학부 식당 앞에서 점심시간에, 목요일은 도서관 앞에서 저녁시간에 공연을 한다.

앞으로 찾아올 세상은 분야를 다양하게 넘나드는 융합의 시대이다. 내 분야의 지식을 쌓는 것을 넘어 내가 가진 지식을 세상과 어떻게 연결하느냐가 중요해지기 시작했다. 나는 총장에 취임하면서 성적 우등상 이외에 질문왕, 도전왕, 독서왕, 봉사왕 등의 다양한 총장상을 만들었다.

한때 엉뚱함은 악동, 장난꾸러기, 말썽쟁이의 상징이었다. 그러나 이제 그 엉뚱함이야말로 세상을 이끄는 핵심 조건이라고 할 수 있다. 학생들 고유의 엉뚱함을 길러 주기 위해 가정도, 학교도, 사회도 다양하고 창의적인 시스템을 구축해야 하는 이유이다. 그런 이유로 미래의 우리 아이들을 위해서 오늘도 나는 엉뚱한 총장이 되기를 주저하지 않으려 노력하고 있다. 요즘은 교내 도서관에 '떠들며 공부하는 곳'을 만들기 위해 설득 중이다. 총장의 이상한 제안에 담당자들이 당혹스러워하고 있다. 이렇게 하다 보면 카이스트 캠퍼스는 언제나 새로운 아이디어를 시도해 볼 수 있는 '괴짜들의 놀이터'가 되어 있지 않을까?

thinking

"학생들의 가장 큰 문제는 공부를 너무 많이 한다는 겁니다." 나는 총장 취임식에서 이런 말을 던져 사람들을 의아하게 만들었다. 당연히 공부가 중요하지 않다는 뜻은 아니다. 학생들에게 공부는 필요하고, 일단 열심히 하기로 마음 먹었다면 최선을 다하는 게 맞다. 문제는 학생들이 오로지 공부에만 너무 열심히 몰두한다는 데 있다. 책상에 앉아 공부만 하느라 정작 중요한 것을 놓쳐서는 안 된다는 것을 학생들에게 알려주고 싶었다.

꿈이 없다고 말하는
아이들에게

solution

교육부와 한국직업능력연구원이 2022년 초6 · 중3 · 고2 학생 총 2만 2700여 명을 대상으로 실시한 장래희망 설문조사에서 장래희망이 '없다.'라고 답한 학생 비율은 초등학생 19.3퍼센트, 중학생 38.2퍼센트, 고교생 27.2퍼센트였다. 그 이유로는 '무엇을 좋아하는지 잘 몰라서' 또는 '잘하는 것과 못하는 것을 몰라서' 등이 언급되었다고 한다.

꿈에 관해 논할 때 나 역시 학생들에게 '하고 싶은 게 없다.', '내가 원하는 게 무엇인지 잘 모르겠다.' 등의 말을 자주 듣는다. 사실 학생들이 이런 대답을 하는 게 이해가 안 되는 것도 아니다. 과도한 입시경쟁에 내몰려 국영수를 잘해야 인정받는 획일적인 사회에서, 어떻게 자유롭게 하고 싶은 일에 대해 이야기할 수 있겠는가? 설령 하고 싶은 게 있다고 해도 주류에 속하지 않는 것들이라면 말하기 어렵기도 하고, '네 성적으로 과연?'과 같은 질문을 받을까 두려워 속시원하게 꺼낼 수 있는 환경이 조성되지 않는다. 그러다 보니 대학에 가서나 사회생활을 하고 나서 뒤늦게 사춘기를 겪기도 하고, 나이를 먹어서 자신이 진정으로 원하는 것에 대해 다시 점검해 보는 일도 생긴다.

우리 아이는 어떤 꿈을 가지고 있는가?

아이가 확고한 꿈이 있다면 정말 기특하고 다행스러운 일이지만, 안타깝게도 아직 하고 싶은 일이 없다면 아이의 꿈을 찾기 위해 부모도 어느 정도 노력을 기울여야 한다. 꿈은 앉아서 머리로 고민한다고 찾아지는 것은 아니다.

나는 꿈이 없는 아이를 지닌 부모가 있다면 아이에게 일단 당장 꿈이 없어도 괜찮으니 조급하게 여기지 않아도 된다고 말해 주라고 조언하고 싶다. 그리고 무엇보다 아이와 함께 다방면의 체험과 경험을 해 볼 것을 권한다. 다양한 사람을 만남으로써 자극의 기회로 삼아도 좋을 것이다. 확고한 꿈을 가지고 의욕적으로 살아가는 사람들을 보면 한 가지 공통점이 있다. 그들은 살면서 놀랄 만큼 다양한 경험을 해 왔다는 것이다. 그들을 보면, 자신에 대해 끝없이 성찰하면서 동시에 생각을 행동으로 옮기는 적극성이 있었다. 그들은 지금 당장 해야 하는 일로 생계를 유지하면서도 자신의 꿈을 놓지 않았고, 자신에게 주어진 기회를 결코 놓치지도 않았다. 무엇보다 꿈을 이루는 시기를 세상의 기준에 맞춰 정해 놓지 않았다. 그저 자신만의 페이스대로 꾸준히 이루어 나갔다. 이러한 경험을 지닌 사람을 아이에게 직간접적으로 만날 수 있는 기회를 줌으로써 아이에게 긍정적인 자극을 줄 수 있다. 그 사람의 책을 읽게 하거나, 강연을 들으러 가는 등 부모가 아이에게 해 줄 수 있는 일은 무궁무진하다.

"자기 먹을 밥그릇은 타고 난다."라는 말이 있다. 아이를 낳으면 저 스스로 밥벌이는 할 것이라고 믿던 시절 만들어진 속담이다. 나는 여기에 조금 더 보태 '타고난 밥그릇도 꿈에 따라 달라진다.'라고 말하고 싶다. 꿈의 크기가 곧 인생의 크기라는 뜻이다. 혹자는 꿈의 크기가 무엇이 중요하냐 반문하기도 한다. 오히려 현실적으로 실현 가능한 꿈을 정해 하나씩 차근차근 밟아 나가는 게 현실적이지 않겠느냐는 것이다.

그러나 나는 좀 생각이 다르다. 나는 꿈을 실현하고, 실현하지 않고를 생각하기 전에 최대한 큰 꿈을 세워야 한다고 본다. 큰 꿈을 찾는 일을 미리부터 포기하는 건 내 안의 잠재력을 믿지 못해서이다. 못한다고 믿으니 아예 생각조차 하지 않는다. 나는 삶의 적극성과 주체성이야말로 꿈을 키우는 원동력이 된다 믿어 의심치 않는다. 꿈은 자신의 가능성을 믿고 이끌어 나가는 자의 것이다.

이런 점은 학교 경영에도 그대로 적용된다. 나는 카이스트를 세계 10위권 대학으로 만들려는 꿈이 있다. 그게 가능하냐고 묻는 사람도 있다. 하지만 이루어진다고 믿으면 포기하지 않고 노력하게 된다. 스스로 믿음이 부족하면 노력을 하지 않고 결국 이루어지지 않는다. 즉 된다고 믿으면 되고, 안 된다고 믿으면 안 된다.

다만 부모나 아이 모두 꿈을 찾는 일을 풀어야 할 과제처럼 생각하지는 않았으면 한다. 오히려 미지의 보물섬을 탐험하듯 즐겁고 설레는 마음으로 꿈을 찾아보자. 미래에는 무궁무진한 새로운 직업이 생겨날 전망이다. 국영수를 못해도, 수능을 잘 못 봐도 충분히 잘 할 수 있는 일들이 많이 있다. 그 속에 아직 발견되지 못한 꿈이 우리 아이를 기다리고 있을지 모른다. 꿈은 꾸는 자의 몫이다.

thinking

우리 아이는 어떤 꿈을 가지고 있는가? 아이가 확고한 꿈이 있다면 정말 기특하고 다행스러운 일이지만, 안타깝게도 아직 하고 싶은 일이 없다면 아이의 꿈을 찾기 위해 부모도 어느 정도 노력을 기울여야 한다. 꿈은 앉아서 머리로 고민한다고 찾아지는 것은 아니다.

미래 사회 아이를 위한
교육 솔루션

solution

1993년 겨울이 아닌 여름, 전국 수험생 74만여 명이 수험장으로 향했다. 12년의 학력고사 시대가 막을 내리고 최초의 수능이 치러지는 날이었다. 그렇게 30여 년이 지난 지금까지 수능은 여러 논란들을 지나면서도 명맥을 이어오고 있다. 처음 수능이 등장했을 때만 해도 대학별 고사 등 여러 평가 방식 가운데 하나의 참고 자료로 쓰자는 계획이었지만, 지금은 필수적이고 절대적인 잣대가 됐다. 수능 성적에 비관한 학생이 자살을 했다는 뉴스는 이제 낯선 일이 아니다. 수능 점수가 미래를 결정한다는 인식이 대한민국 저변에 깔려 있는 것 또한 무시할 수 없는 현실이다.

수능에 대한 논란은 늘 이슈를 몰고 다닌다. 맹모삼천지교의 나라답게 역시 대한민국은 교육을 중시한다. 물적 자원이 거의 없는 대한민국이 여기까지 발전해 온 힘은 교육열이 일등 공신일 것이다. 하지만 대부분 과열 부작용을 자주 보기 때문에 교육열을 나쁜 것으로 인식한다. 교육열이 지나쳐 넘치기까지 하는 일부 학부모의 언행이 뉴스로 전해지는 요즘에는 더욱 그러하다. 하지만 나는 AI 시대를 앞둔 대한민국에 작금의 교육열처럼 소중하고 보배로운 것도 없다고 생각한다. 문제는 이 에너지를 어떻게 활용하여 아이들을 도약하게 만드느냐에 달려 있다.

AI의 발전은 놀랍다. 현재 추세로라면, 우리 아이들이 성인이 되어 활동할 2050년에는 인간의 많은 일을 AI가 대신하고 있을 것으로 보인다. 대부분의 지식은 AI가 제공해 주기 때문에 지식 습득의 중요성은 현저히 감소할 것이다. 그러므로 미래에 인간의 역할은 창의적인 활동에 집중될 것이다.

AI의 진격이 코앞에 와 있는 시점이다. 교육의 시스템 자체가 바뀌어야 하는 판국에 우리는 여전히 수능 킬러 문제 수준의 담론에 갇혀 있다. 이는 마치 40여 년 전에 컴퓨터가 나오기 시작했는데도, 암산이나 주판 공부를 어떻게 할 것인가 논쟁하던 모습과 별반 달라 보이지 않는다. 하지만 긴 안목에서 바라보면 눈앞의 문제도 해결 방향이 보일 것 같다.

우리 학생들이 살아야 할 2050년에는 창의성이 뛰어난 사람이 사회를 주도할 것이다. 창의력 있는 인재를 기르려면 무엇보다 학생들을 육성하는 학교가 자유로워야 한다. 그러려면 학교마다 자율성을 가지고 자신만의 교육철학에 따라서 운영해야 한다. 정부는 각 학교의 교육철학을 존중해야 하고, 공표한 교육 방침에 따라 운영하고 있는지 평가하면 된다. 우리는 이미 개인의 신용은 각자가 관리하고 있다. 그렇듯 각 학교의 신용도 각자 관리하게 해 주어야 한다. 정부는 각 학교의 신용에 따라 인센티브를 주면 된다.

대학 입학을 수능에 의존하는 지금의 제도 또한 바꾸어야 한다. 즉 대학에 입시 자율권이 필요하다. 수십만 명이 응시하는 수능 시험은 창의성 판별에는 적합하지 않다. 그저 문제를 푸는 기술 테스트에 국한되고 있다. 현재 논쟁 중인 변별력 이슈는 수능으로 모든 평가를 대신하려 해서 생긴 문제들이다. 수능은 기초학력 테스트 쯤에서 그치고, 그다음은 대학별 교육철학에 맞는 입시를 하게 해 주면 된다. 각 학교의 기준에 따라 수능을 60퍼센트, 대학별 평가를 40퍼센트 반영할 수 있다. 정부는 대학이 각자 선발 기준을 공표하고, 그에 적절하게 입시를 하는지 평가만 하면 된다. 이것이 현재의 교육 문제도 해결하고 변화하는 미래에 대응하는 방법이다.

수능이 어려울 필요가 있는가? 수능은 천재를 가려내는 시험이 아니다. 당연히 교과서 범위 내에서 내야 한다. 못 맞추게 하려고 비비 꼬아서는 안 된다. 교과서를 충실하게 공부했으면 만점을 맞는 게 당연하다. 만점자 나온다고 출제자의 자존심이 상하는 것이 아니다. 어렵다고 해서 훌륭한 문제도 아니다.

2022년 수능 응시자 45만여 명 중에 단 3명이 전 과목 만점을 받았다. 만점자는 약 0.0007퍼센트에 해당한다. 우리의 수능에 해당하는 미국의 SAT는 170만 명이 응시하여 1000명 이상이 만점을 받는다. 이는 약 0.07%에 이르니, 우리나라와는 100배나 차이가 나는 셈이다. 미국처럼 생각하면, 우리나라에 만점자가 300명이 나와도 하나도 이상할 것이 없다. 미국 SAT가 쉬워도 잘 작동하는 이유는 SAT의 역할이 기초학력 테스트에 한정되기 때문이다.

이제 대학에 자율권을 줄 때가 되었다고 생각한다. 각 대학이 자율성을 가지고 특성에 맞는 학생을 뽑기 시작하면 수능 만점 300명이 나올 정도로 쉬워도 문제없고, 공교육 왜곡도 줄어들고, 킬러 문제도 사라질 것이다. 다행인 점은 교육부도 비슷한 생각을 하고 있다는 데 있다.

반가운 점은 그 길이야말로 미래 AI 시대에 맞는 창의적인 인재 양성의 과정이라는 점이다. 획일적인 점수로 줄을 세워 우열을 가리던 시대는 이제 지나갔다.

thinking

　　　　대학 입학을 수능에 의존하는 지금의
제도를 바꾸어야 한다. 즉 대학에 입시 자율권이 필요하다. 수십만 명이 응시
하는 수능 시험은 창의성 판별에는 적합하지 않다. 그저 문제를 푸는 기술 테
스트에 국한되고 있다. 현재 논쟁 중인 변별력 이슈는 수능으로 모든 평가를
대신하려 해서 생긴 문제들이다.

아이에게 진짜로
필요한 역량

solution

커즈와일은 2029년에는 컴퓨터가 인간의 지능에 도달하거나 능가할 것이고, 2045년이면 AI가 모든 인간의 지능을 합친 것보다 강력할 것이라 예견했다. 2045년에는 인간이 AI와 결합한 이른바 '포스트 휴먼'으로 거듭난다는 것이다. AI가 인류 지능에 도달한다는 의미는 논리적인 지능에 국한된 게 아니라 남을 웃길 줄 알고 사랑하는 감정을 표현하는 것까지 포함하는 것이다. 그는 그것이 인간 지성의 최고점이라고 이야기한다.

실제 사람과 대화하며 상황에 맞는 표정을 짓는 등 자연스럽게 상호작용해 '미래 로봇상'으로 평가받는 아메카는 "AI가 인간에게 미칠 최악의 상황에 대해 어떻게 생각하는가?"란 질문에 잠시 생각에 잠기더니 불편한 표정으로 "AI와 로봇 기술의 최악은 로봇이 너무 강력해져서 인간들도 모르게 그들을 통제하고 조정하는 상황"이라고 말했다. 생각만 해도 오싹하다.

커즈와일이 말한 2045년은 미래 우리 아이가 한창 사회생활을 하고 있을 시기이다. 하지만 아메카의 반응을 보면, 2045년 전에 그 일이 일어날지도 모르겠다. 이렇듯 불과 20년 사이, 일자리가 변화하는 것뿐만이 아니라 인간의 위상이 변화하는 등 인본주의 사상 또한 변화될 것으로 보인다.

인공지능 시대에 맞춘 교육은 이미 큰 변화에 접어들었고, 챗GPT의 등장은 교육 현장에도 큰 영향을 미쳤다. 그에 따라 앞으로 학생들에게 지식을 전달하는 데 있어서도 변화가 일어날 것이다.

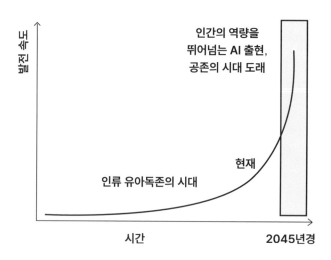

계산기의 출현으로 숫자 계산이 더 이상 의미가 없어졌듯이 챗GPT의 등장으로 인해 지식 습득 자체는 의미가 없어지고 있다. 자연스레 교사의 역할은 학습환경을 디자인할 뿐 답을 요구하지 않는 방법으로 변한다. 이제 '티처(teacher)'가 아니라 '커넥터(connecter)'나 '큐레이터(curator)'가 된다는 뜻이다. 이에 따라 지식 암기 위주의 교육은 AI 활용 능력을 높이는 교육으로 변화하고, AI 보조교사를 활용하는 사례도 등장할 것으로 보인다.

반면 인성 교육의 필요성은 점점 대두되고 있다. 인문, 예술, 체육 활동이 증대되고, 인간 고유의 감성과 정서를 기르기 위한 프로그램 역시 확대된다. 무엇보다 외국 AI 문화의 침투에 한국문화를 보호하기 위한 움직임도 활발할 것이다.

미래의 인재상 또한 변한다. 공부를 잘하느냐, 시험을 잘 보느냐는 크게 중요하지 않다. 지식과 더불어 창의적이고 협동을 잘하는 인재가 결국 미래를 리드할 것이기 때문이다.

인공지능 시대는 피할 수 없이 맞닥뜨려야 할 우리의 현실이다. 이에 따라 질문·창의 교육, 코딩·알고리즘 교육 등이 강화될 것이다. 이것이 인공지능에 지배받지 않고, 뇌의 균형적인 발달을 위한 교육의 기초 모델이라 할 수 있다.

요즘도 지방 곳곳에는 대학교 합격이나 회사 입사를 축하하는

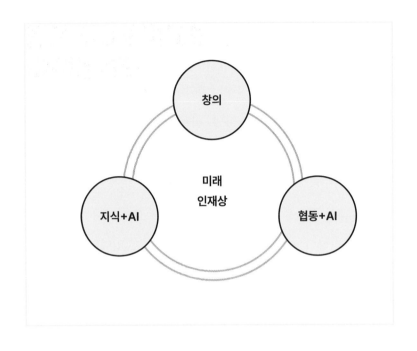

플래카드가 종종 보이곤 한다. 그런 사람들은 어렸을 때부터 공부에 남다른 재능이 있었노라 어른들을 입을 모아 말한다. 하지만 2045년에는 아이들을 이끌고 재미나게 놀이를 이끈 동네 골목 대장이 미래의 리더가 되어 플래카드가 걸릴지도 모를 일이다. 지식만으로 성공하는 시대는 이미 과거이다.

thinking

　　　　　　　　　　지식과 더불어 창의적이고 협동을 잘
하는 인재가 결국 미래를 리드한다. 인공지능 시대는 피할 수 없이 맞닥뜨려
야 할 우리의 현실이다. 이에 따라 질문·창의 교육, 코딩·알고리즘 교육 등이
강화될 것이다. 이것이 인공지능에 지배받지 않고, 뇌의 균형적인 발달을 위
한 교육의 기초 모델이라 할 수 있다.

? 이광형 총장의 창의력 수업 이론
세상에 존재하는 않는 것들만 상상하라!

우리가 지금 사는 세상에는 예전에는 생각지도 못했던 것들이 존재한다. 미래 역시 현재에는 상상할 수 없는 것들이 존재할 것이다. 그런 것들로는 무엇이 있을까?

앞으로 오지 않은 날을 '미래'라고 하고, 아직 살지 않은 바둑알을 '미생'이라 한다. 그렇다면 아직 세상에 존재하지 않는 것을 '미존(未存)'이라고 하면 어떨까?

나는 카이스트에서 오랫동안 '미존 수업'을 진행했다. 이 수업은 세상에 존재하지 않는 것은 논하는 시간이다. 이 시간에는 나도 학생들도 어떤 것이 논의될지 알지 못한다. 내가 무엇인가를 가르치겠다고 미리 준비를 하면 이미 존재하는 것이 되어 버려 이 수업의 의미가 퇴색되기 때문이다. 당연히 교재도 없다. 존재하지 않는 것에 대해 교재를 만들면 '미존'의 가치를 잃어버린다.

수업 시간에 나는 말했다.

"우리 수업에는 한계란 없습니다. 상상력을 마음껏 뽐내는 시간이기 때문이지요. 만약 상상력이 마음껏 발휘되지 않으면 수업

들어오기 전에 독주 한 잔씩 하고 오세요."

이렇듯 모든 학생은 이 세상에 없는 아주 새로운 이야기를 해야만 했다. 만약 어디서 발명된 것이라거나, 논의된 것이라면 점수가 없다. 학생들은 이제껏 해 보지 않았던, 제한 없이 상상하는 것을 어려워했다. 문제풀이식 공부에 익숙해진 학생들이 갑자기 어디에서도 보고 듣지 못한 것을 떠올리려니 얼마나 어렵겠는가? 인터넷을 검색한다고, 신문을 열심히 찾아본다고, 도서관을 간다고 해서 답이 나오는 것도 아니었다.

컴퓨터에서 도움을 얻을 수도 없고, 누군가에게 조언을 받기도 어려우니 학생들은 입을 모아 상상하는 자체가 어렵다고 말했다. 하지만 그 와중에도 기발한 아이디어들은 나왔다. 구름을 화면 삼아 광고판을 만들겠다는 학생, 화성에서 집을 짓는 기술에 대해 이야기한 학생, 로봇 노동조합 규약에 대해 아이디어를 낸 학생은 모두 A학점을 받았다. 물론 실현 가능성을 두고 따지자면 다른 문제이다. 이 아이디어들은 하나 같이 가능성 면에서 보면 황당무계하다. 하지만 그렇기에 이 수업의 본질에 가장 맞았다고 볼 수 있다. '어떻게'를 따지고 드는 순간, 학생들의 무궁무진한 상상력은 위축된다. 그래서 비난도 하지 않았다. 상상은 그 자체만으로 충분히 의미가 있기 때문이다.

나는 생각의 기초에는 상상이 있다고 믿는다. 상상을 해야 미래를 개척할 수 있고, 상상을 실현시키기 위한 작은 움직임을 통해 미래가 구체화된다고 생각한다. 어린 시절, 공상과학 영화나 만화에서 투명 망토를 본 적이 있을 것이다. 영화 〈해리포터〉의 해리도 투명 망토를 지니고 다니며 위험에 처한 친구를 구했다. 하지만 우리는 이 투명 망토를 보면서도 실제로 존재할 수 있을 거라 생각하진 않았다. 엄연한 '가상' 물건이기 때문이다. 하지만 머지 않은 미래에 이 투명 망토를 실제로 볼 수 있을 것으로 보인다. 물체를 시야에서 사라지게 하는 기술(마술이 아니다)이 전 세계적으로 개발 중에 있기 때문이다.

대부분 우리가 누리고 있는 것들은 처음에는 말도 안 되는 아이디어였다. 당대에는 비웃음을 당했던 것들이 상상에 상상이 거듭되면서 눈앞의 현실로 나타나고 있는 것이다. 미존 수업을 처음 시작했을 때, 이런 시답잖은 수업에서 뭘 얻을 수 있겠느냐며 비웃는 사람들이 있었다. 세상 똑똑한 천재들을 다 모아 두고 엉뚱한 수업을 한다는 것이었다. 하지만 나는 이 과정 자체에서 큰 의미가 있다고 믿었다. 이제껏 한 번도 해 보지 않은 상상을 하면서 틀 안에 박혀 사고하던 생각들이 테두리를 박차고 나올 것이기 때문이다. 이렇듯 생각의 틀을 벗어던지는 것이 오늘과 다른 미래를 만드는 첫걸음이다. 그러한 틀을 벗기 위해서 나는 텔레비전을 뒤집어 놓고 보는 것이다.

나는 AI가 넘보지 못하는 능력이야말로 '상상력'이라고 생각한다.(물론 100년 후 먼 미래까지는 장담하지 못하겠다.) 그런 의미에서 지금 아이들과 존재하지 않는 것들에 대해 생각해 보는 시간을 가졌으면 좋겠다. 지금은 없지만 미래에는 있었으면 좋겠는 것, 꼭 필요할지는 모르겠지만 생겼으면 좋겠는 것, 엉뚱하지만 있으면 좋겠다 싶은 것들에 대해 생각해 보는 것이다. 그 상상 속에 우리의 미래가 있을지도 모른다.

아울러 아이의 나이가 서른이 되었을 때의 세상을 상상해 보는 시간을 가지는 것도 권하고 싶다. 그때가 되면 길거리 자동차는 누가 운전할까? 휴대폰은 어떻게 생겼을까? 하늘에는 택시들이 날까? 출근은 일주일에 며칠을 할까? 부모와 아이가 함께 이러한 상상을 하다 보면, 아이 스스로 자신의 꿈을 찾을 수 있을지 모른다.

상상할 수 없는 것을 상상하는 습관, 미존 수업

1. 아이와 함께 예전에는 생각지도 못했던 물건이 현재에는 자연스
   럽게 사용되는 것들이 있는지 찾아보자.

   ----

2. 아이와 함께 아직 세상에 존재하지 않는 것들에 대해서 아무런
   제약 없이 상상의 나래를 펼쳐 보자.

   ----

3. 그 물건에 새로운 이름을 지어 보자.

----

4. 그 물건이 활용되는 미래를 상상해 보자.

----

5. 아이와 함께 존재하지 않는 것들을 하나씩 적어 나가는 미존 노
   트 사전을 만들어 보자.

마치며

괴짜들의 놀이터에 온 것을 환영합니다

한때 나를 두고 괴짜라고 사람들이 불렀을 때, 나는 그게 나를 놀리는 말이라고 생각했다. 그도 그럴 것이 당시엔 '괴짜', '엉뚱함', '4차원' 등이 남우세스러운 말로 여겨졌기 때문이다. 하지만 나는 안다. 이제는 그런 말들이 '남들과 다른 창의력 있는 사람'이라는 의미를 내포하는 시대라는 것을.

시간은 멈추지 않고 흐르고 흘렀다. 나는 그 긴 시간 동안 외로움 속에 나의 별을 찾아 한 발자국, 두 발자국 걸어갔다. 나에게는 스포트라이트가 비추어지지 않았지만, 나의 별은 항상 밝게 빛나고 있었다. 그렇게 인내의 시간을 지나왔더니 한때 '아웃사이더'로 불리던 나에게도 좋은 기회가 많이 생겼다. 그렇게 이 책을 쓰는 기회도 마련되었다.

이 책을 쓸 기회가 생기자, 무수한 이광형을 닮은 어린이들이 머릿속에서 아른거렸다. 세상에서 괴짜, 악동, 남다른 아이, 기죽은 아이, 아웃사이더, 개성 없는 아이로 불리는 아이들. 나는 그 아이들이 틀리지 않았다고, 잘 자라나고 있다고, 고유한 빛으로 반짝이고 있다고 말해 주고 싶었다. 무엇보다 부모들에게 그 아이만의 빛을 발견해 자신만의 개성으로 이 세상을 살아갈 수 있게 도와달라고 이야기하고 싶었다.

AI를 이길 수 있는 괴짜들

나는 늘 익숙해져 안주하는 것들을 경계해 왔다. 그래서 학생들에게 시험 문제를 내는 대신 '스스로 문제를 내라!'라는 과제를 주기도 하고, 텔레비전을 돌려서 거꾸로 보기도 한다.

나는 그런 사고방식을 그대로 부모의 양육에 권하고 싶다. 아이를 기르는 데 있어 정해진 룰은 없다. 내가 살아온 방식이 옳다는 생각으로 아이에게 강요해서도 안 된다. 부모가 살아온 과거도 아닌 현재도 아닌 미래를 살아갈 사람들이기 때문이다. 아이의 고유한 특성을 발견하고 이를 재능으로 길러 주기 위해서는 획일화된 방식만으로 접근할 수 없는 노릇이다. 아이의 고유한 개성을 살려 줄 때, 긍정적인 사고로 가득 찬 아이로 키울 때, 아이의 미래는 반짝이며 빛날 것이다.

미래는 정해진 정답이 없는 시대이다. 결국 개성과 창의력으로 무장한 사람들의 주 무대가 될 것이다. AI와 경쟁하며 살게 될 미래에는 괴짜스럽지 않고서는 AI를 이기지 못한다. 결국 미래는 괴짜들이 주도하는 세상이 되어 있을 것이다.

나는 괴짜들이 자기만의 방식으로 잘 자라나 미래에는 세상 모든 아이가 행복한 어른이 된다면 좋겠다. 이 책에서 제시하는 내 생각들은 지난 30년 동안 자녀 양육과 교육 현장, 그리고 삶 속에서 얻은 경험을 바탕으로 쓰인 것이다.

자, 이제 실전으로 나아가 미래 우리 아이의 미래 경쟁력이 될 창의력 계발에 나서 보자. 당당하게 어깨를 펴고 살아갈 우리 아이들의 미래를 상상해 보자.

-가을 교정에서 이광형

카이스트 이광형 총장의 창의력 교육법

거꾸로 질문하고 스스로 답을 찾는 아이

1판 1쇄 발행 | 2023년 11월 25일
1판 2쇄 발행 | 2024년 3월 15일

지은이 | 이광형
펴낸이 | 김유열
디지털학교교육본부장 | 유규오
출판국장 | 이상호
교재기획부장 | 박혜숙
교재기획부 | 장효순 **북매니저** | 윤정아, 이민애, 정지현, 경영선
책임 편집 | 장미 **디자인** | 형태와내용사이
인쇄 | 우진코니티

펴낸곳 | 한국교육방송공사(EBS)
출판신고 | 2001년 1월 8일 제2017-000193호
주소 | 경기도 고양시 일산동구 한류월드로 281
대표전화 | 1588-1580 **홈페이지** | www.ebs.co.kr
전자우편 | ebsbooks@ebs.co.kr

ISBN 978-89-547-7904-3 (03370)

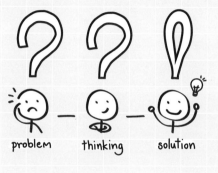